과진론 · 치안책

過秦論 · 治安策

過秦論 · 治安策

가의 지음
·
허부문 옮김

책세상

일러두기

1. 이 책은 가의(賈誼)가 지은 〈과진론(過秦論)〉과 〈치안책(治安策)〉을 완역한 것이다.

2. 북경의 중화서국(中華書局)에서 발행한 《사기(史記)》〈진시황본기(秦始皇本紀)〉와 〈진섭세가 (陳涉世家)〉, 《한서(漢書)》〈가의열전(賈誼列傳)〉에 실려 있는 텍스트를 번역 대본으로 삼았다.

3. 요동원(饒東原)이 주역(注譯)하고, 황패영(黃沛榮)이 교열한 《신역 신서독본(新譯新書讀本)》(臺北: 三民書局, 1988)과 다케우치 다케오(竹內武夫)가 번역한 《한서(漢書)》(中)(東京: 筑摩書房, 1978), 그리 고 유화청(劉華淸)·이건남(李建南)·유상비(劉翔飛)가 옮긴 《한서전역(漢書全譯)》(貴陽: 貴州人民出版 社, 1995)을 번역에 참고했다.

4. 주요 인명과 지명 그리고 제도와 책은 처음 1회에 한해 한자를 병기했으며, 모두 우리 한자음을 따라 표기했다.

5. 주는 모두 옮긴이의 주다. 간단한 용어 설명은 본문 중에 괄호에 넣어 처리했고 그 밖의 것은 후주로 처리했다.

가의(賈誼)

中華漢代出奇才 중국 한나라에서 천하에 드문 인재 났는데

雒邑少年聲價嵬 낙양 소년의 성가가 우뚝했도다.

仕宦北廷誇卓識 조정에 벼슬하여 뛰어난 식견 뽐내다가

流遷南國慰深哀 장사로 쫓겨와 깊은 슬픔 달랬네.

湘江追弔悲感倍 상수에서 굴원을 조상할 때 슬픈 마음 더했고

正殿對談舊惠回 선실에서 황제와 이야기함에 옛 은혜 돌아
　　　　　　왔으리.

攘狄制侯圖別界 흉노를 물리치고 제후를 억누르고자 그렸
　　　　　　던 새 세상은

未成當世後天開 당대에 이루어지지 않고 뒷날에 열렸구나.

　　　　　　　　　　　　　　　— 허부문(許富文)

21세기 초에 2,200여 년 전 중국에서 활약한 인물을 되살려내는 작업은 어떠한 의미를 지닐까. 하물며 그 인물이 황제도 재상도 대장군도 아닌 33세에 요절한 문사였다면…. 그러나 좀 더 자세히 들여다보면 이야기는 달라진다. 전한(前漢, 기원전 202~기원후 8) 문제(文帝, 기원전 180~기원전 157 재위) 시대에 길지 않은 생애를 살다 간 가의(賈誼)라는 인물이 바로 그 주인공이다. 가의는 뛰어난 재능과 학식의 소유자로, 천하 재통일 직후에 제대로 기반이 잡혀 있지 않은 한나라의 백년대계를 세우고자 한 인물이었다. 가의가 제시한 많은 개혁 방안들은 즉각 싹을 틔우지는 않았으나, 조금씩 봉오리를 맺었고, 마침내 꽃을 활짝 피웠으며, 다시 씨를 뿌려 후세에 이어졌다. 나아가 그 원칙과 정신은 동아시아 주변 각국에 전파되어 근대화 이전까지 영향을 주었다. 이렇듯 시공을 뛰어넘는 의의를 지니고 있는 가의의 사상은 《가의신서(賈誼新書)》에 실려 전해지고 있다. 이 책에서는 그중 가장 중요한 〈과진론(過秦論)〉과 〈치안책(治安策)〉을 통해 가의의 생애와 사상을 알아보고자 한다.

〈과진론〉에서 '과(過)'는 '허물을 탓하다, 나무라다'라는 의미를 지니고 있다. '과진론'을 글자 그대로 풀이하면 '진(秦)나라의 잘못을 논함'이라고 옮길 수 있다. 가의가 진나라의 허물을 들추어내어 문제로 하여금 통치의 거울로 삼도록 하려는 의도에서 저술했음을 어렵지 않게 짐작할 수 있다.

가의의 〈과진론〉이 실려 있는 가장 오래된 문헌으로는 우선 《사기(史記)》의 〈진시황본기(秦始皇本紀)〉와 〈진섭세가(陳涉世家)〉를 들 수 있다. 이 가운데 〈진시황본기〉에는 전문이, 〈진섭세가〉에는 상편만 실려 있다. 그런데 〈진시황본기〉에는 이 책에서 번역 대본으로 삼은 《가의신서》의 〈과진론〉과 달리 하편-상편-중편의 순서로 실려 있다. 〈과진론〉의 전후 내용과 역사의 전개 과정을 대조해보면 《가의신서》의 차례가 좀 더 합리적임을 발견할 수 있다. 그리고 《사기》의 뒤를 잇는 정사 《한서(漢書)》의 〈진섭항적열전(陳涉項籍列傳)〉에도 〈과진론〉 상편이 들어 있다.

〈과진론〉이 이처럼 《사기》와 《한서》의 총 세 곳에 인용돼 있다는 사실은 일찍이 청(淸)나라의 역사평론가 조익(趙翼)이 지적했다.[1] 그에 따르면 〈진섭세가〉 말미에 실린 〈과진론〉은 저소손(褚少孫)[2]이 끌어다 쓴 것이며, 반고(班固)가 《한서》를 편찬하면서 이를 답습했다고 한다. 조익은 또, 《사기》

〈진시황본기〉에 실린 〈과진론〉만 꼭 들어맞게 인용한 것이며 나머지는 저소손이 부적절한 구절을 삽입한 것이라고 보고 있다. 〈과진론〉이 진의 멸망 원인을 진단하고 이를 거울삼아 전한 왕조가 취해야 할 정책을 서술한 글이라고 할 때, 조익의 이 견해는 옳다고 본다. 더욱이 《한서》에서 진승(陳勝)과 항우(項羽) 2인의 세가(世家: 제후의 사적을 기록한 전기) 뒤에 〈과진론〉을 옮겨 실은 것은 적절하지 않다. 〈과진론〉에 진승의 사적은 등장하지만 항우의 이야기는 등장하지 않기 때문이다.

한편, 한대 이후 남조(南朝) 양(梁)나라의 소명태자(昭明太子)가 유사 이래 그때까지의 명문을 모아 편찬한 《문선(文選)》과 남송(南宋)의 황견(黃堅)이 고금의 빼어난 시문을 가려 엮은 《고문진보(古文眞寶)》에도 〈과진론〉 상편이 수록되어 있다. 또한 청나라 강희(康熙) 연간에 오초재(吳楚材)가 선진(先秦) 시대부터 명(明)대까지의 작품을 모아 편찬한 《고문관지(古文觀止)》에는 상편이, 청대에 엄가균(嚴可均)이 편찬한 《전한문(全漢文)》에는 전문이 실려 있다. 이렇게 여러 책에 걸쳐 특히 〈과진론〉의 상편이 수록되었다는 사실은 3편으로 이루어진 〈과진론〉 중에서 상편의 내용과 짜임새가 가장 뛰어났음을 의미한다.

〈과진론〉이 우리에게 친숙한 것은 무엇보다도 《고문진보》 때문일 것이다. 알다시피 《고문진보》는 일찍이 고려 중기부터 사대부 사이에서 애독되기 시작해,3 조선에 들어와서는 식자들의 사랑을 받는 필독서의 지위를 차지했던 책이다. 이러한 전통 때문에 우리나라에서 한문을 어느 정도 익힌 사람은 대부분 《고문진보》를 읽었으며, 한문의 세계로 들어가려는 초학자들에게 《고문진보》는 반드시 읽어야 할 책으로 인식되어왔다.4 나 역시 을유문화사의 번역본으로 읽기 시작해, 나중에는 세창서관에서 발행한 《현토주해고문진보집(懸吐註解古文眞寶集)》을 구해 〈출사표(出師表)〉, 〈귀거래사(歸去來辭)〉, 〈등왕각서(藤王閣序)〉, 〈적벽부(赤壁賦)〉 등의 이름난 글과 함께 〈과진론〉을 공부하던 기억이 새롭다.

《고문진보》에 실려 있는 글은 대체로 문학 작품으로 취급되어왔다. 그리하여 《고문진보》를 통해 〈과진론〉을 읽은 사람들 대부분은 〈과진론〉에서 교훈적 요소와 문장의 빼어남만을 취하는 경향이 있었다. 그러나 〈과진론〉이 처음 실린 책이 중국 역대 정사의 첫머리를 장식하는 《사기》였음을 기억할 필요가 있으며, 가의가 생존했던 당대의 역사상을 이해하지 못하면 〈과진론〉의 참뜻을 알기 어렵다는 것 또한 염두에 두어야 한다. 〈과진론〉은 문학 자료일 뿐만 아니라 역사 자료이기도 한 것이다. 이 점이 바로 내가 이 책에서 일관되게 유지하는 시각이기도 하다.

가의의 글 중에서 〈과진론〉이 가장 대중적(?)인 작품이라면 〈치안책〉은 가의의 핵심 사상이 녹아 있는 글이다. '치안책'이란 '(나라를) 잘 다스리고 편안하게 만드는 방책(方策)'이라는 뜻이다. '방책'을 '대책(對策)'과 혼동하기 쉬운데, '대책'이란 과거(科擧)에서(혹은 과거제 시행 이전이라도) 군주가 정치적 현안이나 경전의 뜻에 관한 문제를 내어 답안을 쓰게 하는 일 혹은 그 답안을 가리킨다.

문제 15년(기원전 165), 제후왕(諸侯王)과 공경(公卿), 군수에게 현량문학지사(賢良文學之士)를 추천하라는 조령(詔令)이 내렸다. 그 결과 100여 명이 천거되었다. 이들은 당시의 정치적 현안에 대한 자신의 견해, 즉 대책을 올렸는데, 이 중 조조(鼂錯)의 것이 가장 우수했다.《한서》〈조조전〉에는 대책을 올린 100여 명 가운데 조조만이 고제(高第: 우등 성적)여서 이에 따라 승진했다고 나온다(이때는 이미 가의가 세상을 떠난 뒤다). 이를 근거로 할 때, 뒷사람이 붙인 '치안책'이라는 이름의 '책'을 '대책'이 아니라 '방책' 정도로 이해하면 무리가 없겠다.

〈과진론〉과는 극히 대조적으로 현재 우리나라에서 〈치안책〉은 중국 고대사 전공자들을 제외하면 식자들에게도 잘 알려져 있지 않다. 〈과진론〉이 상편만이라도 《고문진보》에 실려 지식인들에게 사랑받아왔고 또 사랑받고 있는 데 비해 〈치안책〉은 《전한문》에 전문이 실려 있을 뿐 《문선》에는 실려 있지 않고 《고문관지》에는 일부가 포함되어 있는 정도여서 상대적으로 관심을 덜 끌었으리라 생각된다.[5]

그러나 이것은 현재의 얘기고, 조선 시대만 해도 그렇지 않았다. 조선의 역대 군주와 사대부들은 통치와 수양을 위한 글로 사서오경(四書五經)을 비롯한 유가 경전과 중국의 역대 정사 및 《자치통감(資治通鑑)》과 같은 역사서를 읽어야만 했다. 따라서 《한서》 역시 필독서로서 읽혔다. 《한서》에 실린 〈가의열전(賈誼列傳)〉을 읽고 경연(經筵)에서 임금과 신하가, 혹은 신하들이나, 재야 사대부들이 〈치안책〉의 내용과 '가의'를 놓고 서로 독후감을 교환하면서 치국·치민의 길이 어떠한 것인지 생각해보았을 것이다. 《조선왕조실록(朝鮮王朝實錄)》에 '가의'가 144회 등장하는 사실이 이를 증명해준다.[6]

결론적으로, 가의가 〈과진론〉과 〈치안책〉을 통해 건의한 내용은 문제에게 받아들여져 한대의 정치뿐 아니라 사회 전반에 걸쳐 매우 큰 영향을 미쳤다. 뿐만 아니라 가의가 지적한 문제점들은 시공을 초월하여 시사해주는 바가 적지 않다.

원문 번역은 직역(直譯)을 원칙으로 삼았다. 그러나 2,200여 년의 시간과 공간을 뛰어넘는 만족스러운 번역문을 만들어 내기란 용이한 일이 아니었다. 이러한 문제점을 보완하는 작업을 거친 결과 적지 않은 부분이 의역(意譯)의 형태를 띠게 되었다. 형식과 내용 양면에서 천재적이라고 할 수 있는 가의의 문장력과 정치 개혁 사상이, 게으르고 능력이 부족한 옮긴이의 손을 거치면서 본래의 모습과 정신을 훼손당한 건 아닐까 두려움이 앞선다.

보잘것없는 책이지만 완성하는 과정에 도움을 준 사람들이 있다. 방향숙 선생은 원고를 검토해주었으며, 고윤수·최희정 학형은 자료를 구입하는 데 협조를 아끼지 않았다. 책세상의 편집진은 인내심을 가지고 기다려주었다. 이분들께 고마운 마음을 전한다.

옮긴이 허부문

제1장

과진론

1. 상(上)

진나라 효공(孝公, 기원전 361~기원전 338 재위)[7]이 효산(殽山)[8]과 함곡관(函谷關)[9]의 견고한 요새를 점거하고 옹주(雍州)[10] 땅을 장악한 다음, 군주와 신하가 굳게 지키면서 주(周)나라 왕실을 넘보았다. 천하를 석권하고 천지 사방을 남김없이 취하며 사해(四海)를 큰 보자기로 싸려는 뜻과 팔황(八荒)[11]을 아울러 삼킬 의도를 지니고 있었다. 이러한 때에 상앙(商鞅, 기원전 390경~기원전 338)[12]이 효공을 보좌하여, 안으로는 법도를 세운 후에 백성들로 하여금 밭갈이와 베 짜기에 힘쓰게 해서 지키고 싸울 채비를 갖추었으며, 밖으로는 연횡책(連橫策)[13]을 이용해서 제후들이 서로 다투게 만들었다. 이렇게 하여 진나라 사람들은 팔짱을 낀 채 서하(西河)[14] 바깥의 광대한 땅을 차지하게 되었다.

효공이 세상을 떠난 후에 혜문왕(惠文王, 기원전 338~ 기원전 311 재위), 무왕(武王, 기원전 311~기원전 307 재위), 소양왕(昭襄王, 기원전 307~기원전 251 재위)[15] 등은 효공이 이미 이룩해놓은 과업과 끼친 계책 덕택으로 남쪽으로는 한중(漢中)[16]을 겸병하고, 서쪽[17]으로는 파(巴)와 촉(蜀)[18]을 빼앗았으며, 동쪽으로는 기름진 땅을 빼앗고, 북쪽으로는 요충지에 해당하는 여러 군(郡)을 거두었다. 이에 제후들은 두려운 마음이 들어 회맹(會盟)[19]한 후에 진나라를 약하게 만들 방도를 논의했고, 진귀한 기물, 소중한 보배, 기름지고 소출이 넉넉한 땅을 아끼지 않고 천하의 인재를 불러들여 합종책(合縱策)[20]으로 교분을 맺고 서로 하나가 되었다. 이 무렵에 제(齊)나라에는 맹상군(孟嘗君, ?~기원전 278년경)[21]이, 조(趙)나라에는 평원군(平原君, ?~기원전 251)[22]이, 초(楚)나라에는 춘신군(春信君, ?~기원전 238)[23]이, 위(魏)나라에는 신릉군(信陵君, ?~기원전 243)[24]이 있었다. 이들 4군은 모두 총명하고 슬기롭고 충성스러웠을 뿐만 아니라 믿음직하고 건실했으며, 너그럽고 후하면서도 인재를 아꼈고, 현사(賢士)를 존중했다.[25] 그들은 합종책을 맺고 연횡책을 버렸으며, 한(韓)·위(魏)·연(燕)·초(楚)·제(齊)·조(趙)·송(宋)·위(衛)·중산(中山)의 무리를 아울렀다. 이때 6국[26]의 인재 중에서 영월(寧越)[27]·서상(徐尙)[28]·소진(蘇秦)[29]·두혁(杜赫)[30]의 무리가 모사(謀士)가 되었고, 제명(齊明)[31]·주최(周最)[32]·진진(陳軫)[33]·소활(蘇滑)[34]·누완(樓緩)[35]·적경(翟景)[36]·소려(蘇厲)[37]·악의(樂毅)[38]의 무리는 각국의 견해를 조율했으며, 오기(吳起)[39]·손빈(孫臏)[40]·대타(帶佗)[41]·아량(兒良)·왕료(王廖)[42]·전기(田忌)[43]·염파(廉頗)[44]·조사(趙奢)[45]의 무리는 병사들을 지휘했다. 진나라의 10배에 이르는 넓은 땅을 차지하고 있었던 아홉 나라는 연합한 다음, 100만을 헤아리는 군대를 이끌고 함곡관으로 나아가 진나라를 공격했다. 아홉 나라의 군사들은, 관문을 열어 적을 끌어들이는 진나라 병사들의 계책에 말려들어 감히 진격하지 못하고 뒷걸음치며 사방으로 달아났다. 진나라가 화살과 화살촉을 사용하지 않았는데도 천하의 제후들은 벌써 힘들어했다. 이때부터 합종의 맹약은 깨지고 제후들은 앞다투어 땅을 쪼개어 진에 바쳤다. 진나라는 여세를 몰아 그들의 약점을 제어하면서 패주하는 군사를 추격해 사살하니 엎드려 쓰러진 시체가 100만이요, 흐르는 피가 강을 이루어 커다란 방패가 둥둥 떠다녔다. 진나라는 자국의 이익을 취하고 승세를 이용해 제후국을 요리하듯 나누어 산천을 갈가리 찢어놓았다. 이렇게 되자 강한 제후국은 항복을 청하고 약한 제후국은 입조(入朝)했다. 그 뒤를 이어 효문왕(孝文王, 기원전 251~기원전 250 재위)과 장양왕(莊襄王, 기원전 250~기원전 247 재위)이 즉위했는데, 재위 기간이 짧았으며 그다지 중요한 사건은 일어나지 않았다.

진왕(秦王, 기원전 247~기원전 210 재위)[46]이 여섯 선왕[47]의 유업을 계승해 말을 몰 듯이 긴 채찍을 휘두르며 천하를 제압했다. 서주(西周)와 동주(東周)를 집어삼키고[48] 제후국을 멸망시켜, 지존(至尊)의 자리에 올라 천하를 다스렸다. 온갖 형구(刑具)를 가지고 세상을 매질하니 진나라의 위세는 사해에 떨쳤다. 남으로 백월(百越)[49]의 땅을 취하여 계림군(桂林郡)과 상군(象郡)을 설치하니, 백월의 임금이 고개를 숙이면서 목에 줄을 걸어 목숨을 하급 옥리(獄吏)에게 맡겼다. 이어 몽념(蒙恬, ?~기원전 210)[50]을 시켜 북쪽에 만리장성을 쌓고 변경을 지키도록 하여 흉노(匈奴)[51]를 700여 리 밖으로 쫓아내니 흉노는 감히 남으로 내려와 말을 먹이지 못했으며, 그 병사들은 감히 활을 당겨 원수를 갚을 수 없었다.

이에 진나라의 시황제(始皇帝, 기원전 259~기원전 210)는 선왕의 도를 팽개치고, 백가(百家)의 저술을 불태워 백성들을 어리석게 만들었다. 또 이름난 성을 헐어버리고 호걸과 준재를 살해했다. 천하의 병기를 거두어 함양(咸陽)[52]에 모은 뒤에, 봉적(鋒鏑)[53]을 녹여 종을 주조하고 금인(金人) 12좌(座)를 만들어 천하 백성들의 힘을 약하게 만들었다. 그런 다음에 화산(華山)[54]을 깎아 성곽을 만들었으며, 황하(黃河) 물줄기를 끌어들여 해자(垓字)를 만들었고, 억 장(丈)에 이르는 높은 성을 차지하고 깊이를 헤아릴 수 없는 계곡을 굽어볼 수 있는 견고한 방어벽을 구축했다. 이름난 장수와 강한 쇠뇌[55]가 요충지를 지켰고, 믿음직한 신하와 정예병이 날카로운 병기를 펼쳐놓고 행인들을 향해 '누구냐'고 물으면서 검문했다. 천하가 이미 평정되자 진나라의 왕은 마음속으로, 관중(關中)[56]

의 견고함은 금성천리(金城千里)와 같아 자손들이 만대에 이르도록 제왕이 될 기반이라고 생각했다.

시황제가 세상을 떠난 후에도 진나라의 남은 위세는 풍속이 다른 나라를 진동시켰다. 그런데 진섭(陳涉, ?~ 기원전 208)[57]은, 깨진 항아리 주둥이로 창(窓)을 삼고 새끼줄을 늘어뜨려 문을 매단 집의 아들로 노복(奴僕) 출신이며 유배형에 처해진 인물이었다. 그는 재능이 평범한 사람에도 미치지 못했고, 공자(孔子)와 묵적(墨翟)[58]의 현명함과 도주(陶朱)[59]와 의돈(猗頓)[60]의 부(富)를 갖추지도 못했다. 그럼에도 불구하고 사졸(士卒)들의 행렬에 끼어 행군 도중에 반란을 일으켜 피폐해 흩어진 병졸의 무리 수백을 거느리고 오던 길을 되돌아가 진을 공격했다. 진섭이 나무를 베어 무기를 만들고 장대를 세워 깃대로 삼았는데도 천하 백성들이 구름처럼 모여들어 메아리치듯 호응했으며, 군량을 메고 그림자처럼 좇았다. 마침내 산동(山東)[61] 호걸들[62]이 한꺼번에 일어나 진나라의 왕족들을 죽여버렸다.

무릇 진나라가 다스렸던 천하는 작아지거나 약해진 것이 아니요, 옹주 땅과 효산·함곡관의 견고함은 옛날과 마찬가지였다. 반면에 진섭의 지위는 제(齊)·초(楚)·연(燕)·조(趙)·한(韓)·위(魏)·송(宋)·위(衛)·중산(中山)의 왕보다 높지 않았고, 거사에 사용한 호미와 호미 자루, 창과 창 자루는 낫과 창과 긴 창[63]보다 날카롭지 않았다. 수(戍)자리 사는 무리[64]들은 9국(九國)[65]의 참모들에게 대항할 수 없었으며, 심모원려(深謀遠慮: 깊은 꾀와 먼 장래에 대한 생각)와 행군, 용병의 이치는 그 옛날의 책사(策士)들에게 미치지 못했다. 그럼에도 불구하고 성공과 실패가 같지 아니하고, 공업(功業)이 상반됨은 무슨 까닭인가. 예컨대 산동의 여러 나라와 진섭을 비교해서 영토의 길이와 크기를 헤아려보고, 권세와 병력을 견주어보더라도 동등하다고 말할 수는 없을 것이다. 게다가 진나라는 좁은 영토에서 일어났으나 만승(萬乘)[66] 천자의 권세를 이루어 8주(八州)[67]를 불러들이고 동렬(同列)의 제후국을 입조케 한 지가 100년이 넘었다. 그러한 다음에 천하를 일가(一家)로 삼고 효산과 함곡관으로 궁전을 이루었다. 그런데도 한 사람의 필부가 난(難)을 일으켜 칠묘(七廟)[68]를 무너뜨리고, 천자가 살해되어[69] 천하의 웃음거리가 된 것은 무엇 때문인가. 인의를 베풀지 아니하고 천하를 탈취할 때와 지킬 때의 형세가 달랐기 때문이다.

2. 중(中)

진나라가 천하를 통일하고 제후국을 겸병한 다음에 남면(南面)[70]해서 황제라고 칭하면서 사해를 통치하자 천하의 사인(士人)[71]들이 순순히 귀복해왔다. 어째서 이러한 일이 가능했을까? 그 대답은 다음과 같다. '근고(近古) 이래 오랫동안 왕자(王者)가 없었다.' 주나라 왕실의 세력이 쇠미해지고, 춘추오패(春秋五霸)[72]도 이미 세상을 떠난 후에는 천자의 명령이 제대로 시행되지 않았다. 이를 틈타 제후들이 무력에 의한 정치를 시행해, 강국은 약국을 침탈하고 대국은 소국을 괴롭혔다. 전쟁이 끊이지 않아 백성들은 지쳐버렸다. 그런데 이제 진나라가 남면해 천하의 왕 노릇을 하니, 이는 위(上)에 천자가 있게 된 것이라. 이미 모든 백성들은 자신의 목숨이 편안하기를 바랐으므로, 마음을 비우고 진심으로 황상(皇上)을 우러러보지 않는 자가 없었다. 이 무렵에 진나라가 위엄을 지키고 공업을 정하니, 편안하고 위태로움의 근본이 여기에 달려 있었던 것이다.

진의 시황제는 비루하고 탐욕스러운 마음을 품었고, 자신의 지모(智謀)에만 의지하고 공신들을 믿지 않아 사인과 백성들을 가까이하지 않았으며, 왕도를 폐하고 사사로운 권위를 내세워 문서를 금하고 형법을 엄혹히 했고, 사술(詐術)과 무력을 앞세우고 인의를 뒷전으로 여기면서 포학한 방법으로 천하를 통치하기 시작했다. 무릇 천하를 겸병할 경우에는 사술과 무력을 높이 하고, 천하가 안정되었을 때는 권력에 순종함을 귀하게 여기니, 이는 천하를 취함과 지킴의 방법이 같지 않음을 말하는 것이다. 그러나 7국이 경쟁하던 전국 시대를 거쳐 천하의 왕 노릇을 하게 되었는데도 그 이치는 바뀌지 않았으며 그 정치는 고쳐지지 않았으니, 이것은 천하를 취하고 지키는 길은 달라야 한다고 이르는 이유다. 외로이 홀로 천하를 소유했으므로[73] 그 멸망은 일어서서 기다릴 수 있을 정도로 빨랐다. 만약 시황제가 앞 시대의 일을 헤아리고, 은(殷)나라와 주나라의 발자취를 아우른 후에 자신의 정치를 통제했다면, 비록 후일에 교만하고 황음(荒淫)에 빠진 군주가 출현했더라도 나라가 기울어 위태로움에 빠지는 환난은 없었을 것이다. 그렇기 때문에 삼왕(三王)[74]이 천하를 세우니 그 이름이 밝고 아름다웠으며, 그 공업이 오래도록 전해지고 있는 것이다.

진의 이세황제(二世皇帝, 기원전 209~기원전 207 재위)가 즉위하자 천하에 목을 길게 늘이고 그의 정치를 지켜보지 않는 사람이 없었다. 무릇 추위에 떠는 사람에게는 누더기 옷도 도움이 되고 배고픈 사람에게는 술지게미도 달다. 그러므로 천하 백성들의 애달픈 하소연은 새로이 등극한 왕자의 자산이 되는 것이다. 고달픈 백성들에게는 오히려 인정을 베풀기 쉽다는 뜻이다. 만약 이세황제가 범용(凡庸)한 군주의 덕행이라도 지녀서, 충신·현자를 임명해 신하와 군주가 한마음으로 세상의 근심을 걱정하고, 상복 입은 상태에서 선황의 잘못을 바로잡고, 토지를 나누어 백성들에게 지급하고, 공신의 후예들을 식읍(食邑)[75]으로 봉한 다음 제후국의 왕으로 세워 군주를 옹립케 하고, 천하의 인재들을 예의로 대우하고, 사면령을 내려 감옥을 비우고, 형벌을 면제해주고, 죄인의 처와 딸을 노비로 삼는 난잡한 죄목을 폐지해 그들을 각자의 고향으로 돌아가게 하고, 창고와 곳간을 열어 재물과 돈을 나누어주어 의지할 곳 없는 외로운 사람[76]과 곤궁한 사람을 구휼하고, 세금을 경감하고 노역을 줄여 백성들의 긴급한 사정을 도와주고, 법령을 간략히 하고 형벌을 가볍게 해 죄인이 자신의 후손을 보존할 수 있도록 하고, 천하의 백성들로 하여금 모두 스스로 일신(一新)케 하여 몸가짐을 고치고 품행을 수양하고, 각기 몸을 근신케 하여 만인의 소망을 충족시키고, 위신과 어진 덕으로 천하의 백성들과 함께했더라면 천하 인민들이 모여들었을 것이다. 만일 천하의 백성들이 모두 기뻐하며 각기 자신이 처한 자리에서 편안하게 생업을 즐기고 오로지 변란이 발생하는 일만 염려하고, 설령 교활한 백성들이 있다 하더라도 군주를 배반할 마음을 가지지 않는다면, 정도를 벗어난 신하라도 간교(奸巧)를 꾸밀 방법이 없을 것이며 간악한 폭란도 그칠 것이다.

이세황제는 이러한 방법을 행하지 않고 거꾸로 포악무도한 짓을 되풀이하여 종묘(宗廟)와 백성들에게 해를 끼치면서 아방궁(阿房宮)을 다시 짓기 시작했다. 게다가 형벌을 번잡하게 만들고 엄혹히 했으며, 관리의 통치는 가혹하고 상벌은 형평을 잃었으며, 세금 징수에 한도가 없었다. 천하에 역사(役事)가 많아 관리들이 감당할 수조차 없는 지경이었으며,

백성들이 곤궁해도 군주는 백성들을 구휼하지 않았다. 이렇게 되자 역모와 사술이 한꺼번에 일어나고 윗사람과 아랫사람이 서로 책임을 미루었으며, 죄를 짓는 자가 많아져 형벌받은 사람이 길거리에서 서로 마주칠 수 있을 정도로 천하의 백성들은 고통을 받고 있었다. 그리하여 군후(君侯)·공경(公卿)에서 서민에 이르기까지 사람들은 스스로 위태롭다고 생각했으며, 몸이 궁핍하고 고단한 실정에 직면하여 모두들 자신의 처지를 불안하게 여겼으므로 쉽게 동요했다. 따라서 진섭이 탕왕(湯王)[77]·무왕(武王)[78]의 현능함을 지니지 못하고 또 공후(公侯)의 존귀한 신분이 아니었으면서도 대택(大澤)[79]에서 팔을 걷어붙이고 봉기하자 천하 백성들이 이에 동조한 것은 백성들이 위난(危難)에 처해 있었기 때문이다. 선왕은 매사에 처음과 끝의 변화를 보고 존망의 기미를 알고 있었기에, 백성들을 다스리는 도리란 단지 백성들을 편안하게 해주는 데 있음을 인식하고 그에 따라 힘썼을 따름이다. 이렇게 하면 설령 천하에 바른길에 역행하는 신하가 있다 할지라도 필시 그 신하를 돕는 동조자는 없을 것이다. 그러므로 '안정되어 있는 백성들은 함께 의로운 일을 할 수 있고, 위난에 처한 백성들은 함께 잘못을 저지르기 쉽다'는 말은 바로 이를 두고 이르는 것이다. 천자의 귀한 몸으로 모든 천하의 재부(財富)를 소유하고도 그 자신이 죽음을 면치 못한 것은, 기울어져가는 것을 진정 바로잡으려는 방법이 잘못되었기 때문이다. 이것이 바로 이세황제의 과오였던 것이다.

3. 하(下)

진나라는 제후국과 산동 30여 군을 겸병한 후에 나루터와 관문을 수리하고 험준한 요새를 점거하여 갑주와 병기를 보수하고 굳게 지켰다. 그러나 진섭이 여기저기 흩어져 있던 수졸(戍卒) 수백 명을 모아 팔을 휘두르고, 크게 소리 지르고, 활·창 대신에 호미·서까래·몽둥이 따위를 무기로 이용하며, 백성들이 제공해주는 음식을 먹으면서 천하를 휘젓고 다녔다. 진나라 사람들은 험준한 요새만 믿고 수비조차 하지 않았으며, 관문을 닫지 않고 교량도 걷어 올리지 않았으며, 긴 창으로 적을 찌르지 않았으며, 강한 쇠뇌(弩)를 쏘지도 않았다. 초(楚)나라[80] 군대가 진나라로 깊숙이 들어와 홍문(鴻門)[81]에서 싸우던 때의 울타리 같은 장애물도 없었다. 이 무렵에 산동 지역이 크게 어지러워져 제후들은 함께 봉기하고 호웅(豪雄)과 준걸들은 스스로 왕이라고 칭하며 자립했다.[82] 진나라는 장함(章邯, ?~기원전 205)에게 산동 정벌의 임무를 맡겼다. 그러나 장함은 삼군(三軍)[83]의 많은 병력을 이끌고 밖으로 나가서 항우에게 투항했고, 진을 공격하여 그 땅을 나누어 각각 왕이 되기로 약속했으며, 자신의 주군을 시해하려는 계획을 세웠다. 이세황제가 신하들을 믿을 수 없었으리라는 것을 이 사실에서 알 수 있다. 이세황제의 아들 자영(子嬰)이 즉위했으나, 그 역시 세상을 떠날 때까지 깨닫는 바가 없었다. 만약 자영이 범용한 군주의 재능이라도 지니고 중급 정도의 장수나 재상의 보좌라도 받았더라면, 비록 산동에서 반란이 일어났을지라도 진나라의 영토[84]는 온전히 보존될 수 있었을 것이며, 종묘의 제사도 마땅히 끊어지지 않았으리라.

진나라의 영토는 산을 등지고 강으로 둘러싸여 견고했으며, 사방이 관문으로 막힌 요새나 마찬가지였다.[85] 목공(繆公, 기원전 660~기원전 621 재위)[86]에서 시황제에 이르는 20여 군주들은 언제나 제후들 중에서 뛰어난 존재였다. 그것이 단지 역대 군주가 대대로 현능했기 때문이었겠는가? 지리의 형세가 그러했기 때문이다. 더욱이 천하가 일찍이 동심협력하여 진나라를 공격했다. 당시에 현자와 지사(智士)가 함께 모였고, 양장(良將)은 자신의 군대를 이끌고 현상(賢相)은 그들과 지모를 조율했으나 진나라의 험준한 지세에 막혀 진격할 수 없었다. 이에 진나라는 그들을 끌어들여 싸우기 위해 관문을 활짝 열었는데, 산동의 100만 대병은 패배해서 마침내 전멸하고 말았다. 어찌 산동 제후의 용력과 지혜가 모자랐기 때문이라고 할 수 있겠는가? 지형이 불리하고 지세가 불편했기 때문이다. 진나라는 작은 읍(邑)을 큰 성에 합병하고 험준한 요새를 지키면서 군사를 주둔시킨 다음, 보루를 높이 쌓고 싸우는 대신 관문을 닫아건 채 험준한 장소에 의지해 어깨에 창을 메고 수비에 임했다. 산동의 제후들은 필부(匹夫)로서 시작해 이익(利益)으로 연합했으므로 소왕(素王)[87]의 덕행을 갖추지는 못했다. 서로의 교분이 친밀하지 못했고, 부하들도 그들을 따르지 않았으며, 진의 멸망을 명분으로 내세웠으나 실제로는 자신들의 이익을 취했다. 그들은 험난한 요새로 둘러싸인 진나라를 침범하기 어렵다는 사실을 깨닫자마자 틀림없이 군사를 퇴각시켜야 했을 것이다. 영토를 안정시키고 백성을 쉬게 하며, 다른 나라가 피폐해지기를 기다려 약소국을 거두고 쇠퇴해진 나라를 도와 큰 나라의 군주를 호령했더라면, 천하를 얻지 못함을 근심하지 않았을 것이다. 천자라는 고귀한 신분이 되어 천하의 재부를 차지하고도 사로잡히는 신세가 된 것은 패망해가는 상황을 구원(救援)하려는 방도가 틀렸기 때문이다.

진시황제는 스스로 부족함이 없다고 생각해 남에게 자문을 구하지 않았으며, 마침내 잘못을 저지르고도 바꾸지 않았다. 이세황제도 이를 이어받아 잘못을 고치지 않았으며 포학한 통치로 화를 가중시켰다. 자영은 고립무친(孤立無親)으로 위태롭고 유약했음에도 불구하고 보필하는 신하가 없었다. 세 명의 군주가 미혹되었으면서도 목숨이 다하는 순간까지 그릇됨을 깨닫지 못했으니, 파멸이란 당연한 수순이 아니었겠는가? 이 무렵에 세상에는 심려원모를 지니고 시세의 변화를 내다보는 인물이 없었던 것이 아니지만, 그들이 과감하게 충심(忠心)을 다 바쳐 황제의 잘못을 막지 못한 것은 진나라의 습속에 꺼리고 피해야 할 금기가 많아서 충언을 개진하는 사람은 미처 말을 끝내기도 전에 목숨을 잃게 되기 때문이었다. 따라서 천하의 사인들로 하여금 귀를 기울여 듣게만 하고 두 발을 한데 모으고 서서 입을 다문 채 아무 말도 하지 못하게 했다. 이러한 까닭에 세 사람의 군주가 정도를 벗어났어도 충신은 감히 간언하지 못하고 지사는 감히 계책을 올리지 못하여, 천하가 이미 어지러워졌어도 간특(姦慝)한 사실이 황제에게 알려지지 못했으니, 어찌 애석한 일이 아니겠는가?

선왕(先王)[88]은 언로(言路)가 막히는 것이 나라를 망치게 한다는 사실을 알았으므로 공(公)·경(卿)·대부(大夫)·사(士)를 두어 법령을 제정하고 형법을 만들어 천하를 다스렸다. 나라가 강성했을 때는 포악한 행위를 금하고 난을 정벌했기 때문에 천하 백성들이 복종했고, 나라가 쇠약해졌을 때는 춘추오패가 정벌해주었으므로 나머지 제후들이 순종했다. 영토가 줄어들었을 때는 대내적으로는 수비 태세를 갖추고 대외적으로는 강대국에 의지해 사직을 보존했다. 그런데 진나라가 강성했을 때는 법령이 번잡하고 형벌이 엄혹해 천하 백성들이 두려워했으나, 진나라가 쇠약해지자 백성들이 원망하고 온 천하가 반기를 들었던 것이다. 이와 같은 까닭에 주나라는 오서(五序)[89]가 정도를 얻었으므로 1,000여 년 동안[90] 국가의 명맥이 끊어지지 않았으나, 진나라는 본말을 모두 잃었기 때문에 오래도록 존속하지 못했다. 이로 말미암아 살펴보건대, 편안함과 위태로움의 큰 벼리[紀]에는 현격한 차이가 존재하는 것이다. "지나간 일을 잊지 않아야 후세의 스승이 될 수 있다"는 속담이 전한다. 따라서 군자(君子)가 나라를 다스릴 때에는 상고(上古)의 일을 살펴 당대에 증험(證驗)해보고 인사를 참작하여 성쇠의 이치와 권세의 마땅함을 살피니, 버리고 취함에 일정한 규율이 있었고, 그 변화는 시세와 상응했으므로 태평한 시절이 오래도록 이어지고 사직이 안정되었던 것이다.

제2장

치안책

신(臣)이 마음속으로 일이 진행되어가는 형세를 생각해보니 통곡할 만한 일이 한 가지고, 눈물을 흘릴 만한 일이 두 가지며, 오랫동안 크게 탄식할 만한 일이 여섯 가지입니다. 다른 사람들이 이치를 어기고 도(道)를 해치는 듯한 사례는 조목조목 열거하며 두루 아뢰기에도 어려울 지경입니다. 황상(皇上) 폐하께 진언하는 사람은 모두 '천하는 이미 편안하며 잘 다스려지고 있다'고 말하지만, 신만은 그렇지 않다고 생각합니다. 그들이 "천하는 편안하며 잘 다스려지고 있다"고 말하는 것은 어리석음이 아니라면 아첨입니다. 모두가 실제로 치란(治亂: 잘 다스림과 어지러움)의 근본을 알지 못하고 있는 것입니다. 무릇 쌓아놓은 짚단 아래에 불을 방치한 채 그 위에서 자고 있으면서, 불길이 아직 다 타오르지 않았으므로 안전하다고 이야기하고 있습니다. 바야흐로 지금의 형세가 어찌 이와 다르겠습니까! 처음과 끝이 어긋나고 전도(顚倒)되었으며 머리부터 꼬리까지 순조롭지 못해 나라의 제도가

어지러우며 벼리가 매우 없으니, 어찌 잘 다스려지고 있다고
말할 수 있겠습니까? 폐하께서는 어찌 된 까닭인지 신으로
하여금 한번도 폐하 앞에서 꼼꼼히 진술토록 하지 않으셨으
므로, 이제부터 신이 치안의 방책을 늘어놓을 터이니 여타의
방책들과 상세히 살펴 택하십시오!

　무릇 사냥의 즐거움과 국가 안위의 기틀 중 어느 쪽이 시
급한 것입니까? 요컨대 다스림을 위해서는 지혜와 생각에
힘쓰고, 몸을 힘들게 하고, 종(鐘)과 북의 즐거움을 폐하지 않
는 것이 옳습니다. 음악을 지금처럼 즐겨도 좋으며, 그 위에
서 제후들은 법도를 좇고, 군대의 움직임은 없고, 백성은 수
령(首領)을 믿고, 흉노는 귀복(歸服)하고, 사방의 나라가 폐하
의 기세를 바라보고 좇아오고, 백성들은 순박하고, 송사(訟
事)는 줄어들고 있습니다. 이와 같은 큰 운수를 이미 얻었으
므로 천하는 순조롭게 다스려지고 해내(海內)의 기는 청화(淸
和)하고 모두가 원만하니, 폐하께서는 살아 계실 때는 밝은
황제요 돌아가신 후에는 밝은 신(神)으로서 명예로운 아름다
움이 무궁토록 드리워질 것입니다.《예(禮)》에서는 "공을 세
웠다면 시호가 조(祖)이고, 덕을 지녔다면 시호는 종(宗)이
다"라고 말합니다. 폐하께서는 고성(顧成)의 묘(廟)[91]를 세워
태종(太宗)이라고 칭하시니, 위로는 고조(高祖: 유방)와 짝을
지어 한나라와 더불어 끝이 없을 것입니다. 오래도록 편안
할 형세를 세우고 길이 잘 다스릴 업(業)을 이루어, 조상의 묘

를 잇고 육친(六親: 부모형제와 처자)을 받듦은 지극한 효(孝)입니다. 그리하여 천하에 행행(行幸: 천자가 대궐 밖으로 거동하는 일)해서 뭇 생령(生靈: 백성)을 기르심은 지극한 어짊(仁)입니다. 기강을 세워 펴고 일의 경중이 함께 얻어진 후에 만세의 법도가 될 수 있으니, 비록 어리석고 어린 불초(不肖)한 후계자가 있다 하더라도 오히려 제업(帝業)을 입어 편안해짐은 지극한 밝음(明)입니다. 총명하여 사리에 통달한 폐하께서 다스림의 큰 근본을 조금이나마 아는 사람[92]으로 하여금 아랫사람을 도울 수 있게 하신다면, 이러한 상태에 이르는 것은 어렵지 않을 것입니다. 그 내용은 평소에 모두 폐하 앞에서 진술했으니 폐하께서는 게을리하여 잊어버리지 않으시기 바랍니다. 신은 삼가 하늘과 땅의 변화를 살피고, 지나간 옛날의 상황을 증험(證驗)하여, 오늘에 힘써야 할 일을 살핌으로써 밤낮으로 이를 생각해 숙지하게 되었으니, 비록 폐하께서 우왕(禹王)[93]과 순(舜)임금[94]을 다시 살려 폐하를 위한 계책을 세우게 할지라도 이를 바꾸지 않을 것입니다.

무릇 한번 세워진 제후국이 반드시 천자와 맞설 수 있는 형세를 갖춘 나라라고 한다면, 아랫사람은 자주 재앙을 입고 윗사람은 자주 의심하고 근심하므로, 지나치게 윗사람을 편안하게 하고 아랫사람을 온전하게 하는 바가 아닙니다. 지금 폐하의 친동생은 동제(東帝)가 되기를 꾀하고 있으며,[95] 친형의 아들은 서쪽을 향해 진격했고,[96] 이제 오왕(吳王)도 한나라의 법을 따르지 않고 있다는 보고가 올라왔습니다.[97] 천자께서는 보령(寶齡)이 한창이요, 행의(行義)는 법도를 넘지 않으며, 게다가 제후왕을 향한 덕과 은택은 여전히 더해갈 뿐인데도 사정이 이러합니다. 하물며 가장 강한 제후국의 권세와 힘은 이들 제후국보다 열 배나 초과하고 있지 않습니까!

그럼에도 불구하고 천하는 지금 한때나마 편안하니 어찌된 일입니까? 큰 나라(큰 제후국)의 왕은 유약하고 장년(壯年)의 나이에 이르지 않고 있으며, 한나라 조정에서 임명한 태부(太傅)와 재상들이 바야흐로 정무를 장악하고 있기 때문입니다. 몇 년 후에 제후왕이 거의 성인이 되어 혈기방장(血氣方壯)할 때면, 한에서 파견한 태부와 재상들은 병을 핑계로 벼슬을 사직할 것이며, 승(丞)·위(尉)[98] 이상의 관리는 제후왕의 사인(私人)들로만 채워질 것입니다. 이렇게 된다면 회남왕(淮南王)이나 제북왕(濟北王)의 모반 상황과 무엇이 다르겠습니까? 이때에 이르러 잘 다스려지고 편안해짐을 꾀한다면 비록 요순이라 할지라도 제대로 다스릴 수 없을 것입니다.

황제(黃帝)[99]는 "해가 중천에 떠 있을 때 반드시 말려야 하며, 칼을 지니고 있을 때 반드시 베어야 한다"[100]고 말했습니다. 지금 이러한 이치를 따라 보전하고 편안하게 만들기란 매우 쉬우나, 일찌감치 적극적으로 대처하지 않고 이미 반란이 발생한 다음에 골육의 무리를 상하게 하고 목을 베어 처리한다면 진나라 말기와 무슨 차이가 있겠습니까? 무룻 천자의 지위를 지니고 지금과 같은 시세에 편승한 채, 소극적으로 하늘의 도움에 의지하여 오히려 위태로운데도 편안하다 하고 어지러움으로 잘 다스림을 만들려 하고 있습니다. 가령 폐하께서 제환공(齊桓公, ?~기원전 643)[101]의 처지가 되었다면 제후들을 규합해서 천하를 바로잡지 않으셨겠습니까? 신은 또 폐하께서 반드시 그렇게 하실 수 없었으리라는 것을 압니다. 가령 천하가 옛날과 같았다면 아직도 회음후(淮陰侯)는 초나라 왕, 경포(黥布)는 회남왕, 팽월(彭越)은 양(梁)나라 왕, 한신(韓信)은 한(韓)나라 왕, 장오(張敖)는 조(趙)나라 왕, 관고(貫高)는 그의 재상, 노관(盧綰)은 연나라 왕이었을 것이며, 진희(陳豨)는 대(代)를 다스리고 있었을 것입니다. 이 예닐곱 명의 공(公)은 모두 걱정거리가 없었는데, 이때를 맞이하여 폐하께서 천자로 즉위하셨으니 스스로 편안했겠습니까? 신은 또 폐하께서 하실 수 없었으리라는 것을 압니다. 천하가 뒤섞여 어지러워지자 고황제(高皇帝)께서 여러 공들과 함께 일어났으나 여러 공들이 측실(仄室: 경·대부의 서자)의 권세를 갖고 큰 자리에 끼어든 사례는 없었습니다. 여러 공 가운데 행운이 따른 자는 중연(中涓)[102]이 되었고, 그다음은 겨우 사인(舍人)[103]의 지위를 얻었으며, 재능이 미치지 못하는 자는 관직으로부터 아주 멀었습니다. 고황제께서는 명성(明聖)과 위무(威武)를 지니고 천자에 즉위하여 왕과 여러 공에게 기름진 땅을 나누어 주셨는데, 많으면 100여 성이

요, 적어도 30~40현이었으니 덕이 지극히 두터웠던 것입니다. 그러나 그 후 10년 사이에 반란이 아홉 번이나 일어났습니다. 폐하께서는 여러 공과 몸소 능력을 다툰 뒤 그들을 신하로 삼은 것이 아니었으며, 몸소 그들을 왕으로 봉한 것도 아니었습니다. 고황제 자신조차 1년도 편안할 수 없었으니, 이러한 까닭에 신은 폐하께서 하실 수 없었으리라는 것을 압니다.[104] 그러나 폐하께서 오히려 핑계를 대어 '(황제와의) 소원함'이 반란의 원인이라고 말씀하시니, 청컨대 신이 시험 삼아 '(소원함과 상대적인) 친밀함'에 대해 이야기해볼까 합니다. 예를 들면, 도혜왕(悼惠王)[105]은 제나라 왕이었고, 원왕(元王)[106]은 초나라 왕이었고, 고황제의 둘째 아들[107]은 조(趙)나라 왕이었고, 유왕(幽王)[108]은 회양의 왕이었고, 공왕(共王)[109]은 양(梁)나라 왕이었고, 영왕(靈王)[110]은 연나라 왕이었으며, 여왕(厲王)[111]은 회남의 왕이었습니다. 이 예닐곱 명의 귀인은 모두 걱정거리가 없었는데, 이 무렵에 즉위하신 폐하께서 여러 왕들을 다스릴 수 있으셨겠습니까? 신은 또 폐하께서 하실 수 없었으리라는 것을 알고 있습니다. 이상과 같은 여러 왕들은 비록 이름은 왕이지만, 실제로는 모두 서민들이 형제를 대하는 마음으로 천자를 대하고 있으며, 제후왕들은 대계(大計: 군신의 도리)를 없애고 황제와 제도를 똑같이 만들어 천자처럼 거동하려 합니다. 그들은 작위를 마음대로 수여하고 사형수를 사면하고, 심한 경우 수레의 덮개를 천자와 똑같은 황색으로 하고 있으니 한의 법령이 시행되지 않고 있는 것입니다. 법령대로 시행하지 않는 여왕 같은 자는 조정의 명령마저 기꺼이 받들지 않고 있으니, 폐하께서 그를 장안으로 부르고 싶을 때 무슨 수로 오게끔 하시겠습니까? 다행히 온다고 하더라도 어떻게 그에게 법령을 적용시키실 수 있겠습니까? 황친(皇親) 한 사람을 움직인다면 천하의 제후들이 깜짝 놀라 조정을 향해 일어날 것이므로, 폐하의 신하 중에 비록 풍경(馮敬)처럼 용맹스러운 인물이 있다 할지라도 입을 열기만 하면 자객의 비수에 가슴을 찔릴 것입니다. 폐하께서는 비록 현명하지만 누구와 함께 제후왕들을 다스리시겠습니까? 따라서 소원한 제후왕은 반드시 조정에 위해를 가하고 친근한 제후왕도 반드시 나라를 어지럽게 한다는 사실은 이미 증명되었습니다. 이성제후왕이 강대함을 믿고 모반했는데, 한 조정은 요행히 그들에게 승리했으나 법제를 고쳐 모반이 거듭 일어나는 근본적 상황을 바로잡지 않았습니다. 동성제후왕이 그 자취를 본받아 모반했음은 이미 증거가 드러났지만 지금까지의 상황은 제후왕의 세력이 꺼질 듯하면 되살아나게 했습니다. 앙화(殃禍)를 불러오는 변(變)[112]은 아직 그 추이를 알지 못하므로, 폐하처럼 영명하신 황제께서 이에 대처하여 오히려 편안하게 하실 수 없다면 후세에는 장차 어떻게 되겠습니까?

　도수(屠獸)의 명장(名匠) 탄(坦)[113]이 하루아침에 소 12마리를 도살해도 칼날이 조금도 무디어지지 않음은, 치고 베고 벗기고 자를 때 사지와 마디를 모두 솜씨 좋게 처리하기 때문입니다. 엉덩이뼈와 넓적다리뼈는 도끼로 잘라야 합니다. 무릇 인의와 두터운 은혜는 임금 된 사람의 날카로운 칼날이요, 권세와 법제는 임금 된 사람의 도끼입니다. 지금의 제후왕은 모두 엉덩이뼈나 넓적다리뼈와 같으므로 도끼를 사용해서 해결해야지 칼날을 휘두르고자 한다면, 신이 생각하기에 그 칼은 귀퉁이가 이지러지거나 부러질 것입니다. 어찌 회남왕과 제북왕에게 도끼를 사용하지 않고 계십니까? 형세가 그렇지 못하기 때문입니다.

신이 가만히 지나간 일의 자취를 생각해보건대, 대체로 강한 자가 먼저 모반했습니다. 회음후 한신이 초나라 왕이었을 때 가장 강했는데 제일 먼저 모반했고, 한왕(韓王) 신은 흉노에 의지해 또 모반했고, 관고는 조나라의 도움을 받아 또 모반했고, 진희는 병사들이 정예(精銳)하여 또 모반했고, 팽월은 양(梁)나라를 부리고 이용해서[役用] 또 모반했고, 경포는 회남을 부리고 이용해서 또 모반했고, 노관이 가장 약했는데 마지막으로 모반했습니다. 장사국(長沙國)의 호구 수는 2만 5,000일 따름으로, 한나라 건국에 공로는 적었으나 가장 완벽하게 보전되었으며 세력은 허술했지만 가장 충성스러웠으니,[114] 유독 성정이 다른 지방 사람들과 차이가 있었기 때문이 아니라 형세가 그 정도였기 때문입니다. 지난날에

번쾌(樊噲)·역상(酈商)·주발(周勃)·관영(灌嬰)으로 하여금 수십 개의 성에 웅거해 왕 노릇을 하게 해주었다면 지금은 이미 망했을 것이며, 한신·팽월의 무리를 철후(徹侯)[115]로 삼아 장안에 살게 했다면 지금은 생존해 있었을 것입니다. 그러므로 천하의 대계를 알 수 있습니다. 여러 왕이 모두 충성스럽게 따르도록 하려면 장사왕(長沙王)처럼 만드는 것이 제일 낫고, 신하의 살을 절이고 삶지 않게 하려면 번쾌·역상 등처럼 만드는 것이 제일 나으며, 천하가 잘 다스려지고 편안케 하고자 한다면 제후를 많이 세워 그 힘을 약하게 하는 것이 제일 낫습니다. 힘이 약해지면 의(義)로써 부리기 쉽고, 나라가 작으면 사심이 없어집니다. 해내의 형세를 몸이 팔을 부리고 팔이 손가락을 부리는 것처럼 하면 법도에 복종하지 아니함이 없으며, 제후국의 봉군(封君)은 감히 다른 마음을 품지 못하며 바퀴살이 바퀴통으로 모이듯 나란히 나아가 천자에게 귀순할 것이고, 천민(賤民)들조차 편안함을 알게 되므로, 따라서 천하는 모두 폐하의 밝으심을 알게 될 것입니다. 땅을 떼어주고 제도를 정해, 제·조(趙)·초로 하여금 각기 몇 개의 나라를 만들게 하며, 도혜왕·유왕·원왕의 자손은 죄다 차례대로 각기 할아버지가 나눈 땅을 물려받게 하고, 땅이 모두 처분되면 그만두게 합니다. 연·양과 같은 다른 나라도 모두 이렇게 하면 됩니다. 나누어진 땅은 많지만 자손이 적은 경우는 나라를 세우되 잠시 봉군의 자리를 비워두고 모름지기 자손이 태어나기를 기다려 모두 군(君)으로 삼으십시오. 제후왕의 영지가 삭감되어 적지 않게 한나라 조정에 귀속된 경우는 제후국을 위해 열후국(列侯國)을 왕국으로 옮기고 조정에서 경계를 확정한 뒤 그 자손을 봉해 자식 숫자대로 보상해서 모두 그들에게 돌려주십시오. 원래 제후왕에게 속했던 한 뼘의 토지와 한 사람의 백성에 대해 천자께서 이익을 취하지 않는 것이 진실로 잘 다스림(治)을 결정하는 일이므로 천하는 모두 폐하의 염결(廉潔)하심을 알 것입니다. 영지에 대한 법제가 한번 안정되면 종실의 자손들은 왕 노릇을 할 수 없다고 생각하지 아니할 것이고, 아랫사람들은 배반하려는 마음을 가지지 않을 것이며, 윗사람은 주벌(誅伐)하려는 뜻을 품지 않을 것이니, 이러한 까닭에 천하는 모두 폐하의 어지심을 알 것입니다. 법이 세워지면 범하지 않고 영이 시행되면 거스르지 않아 관고와 이기(利機)[116]의 술책은 나오지 않을 것이며, 시기(柴奇)와 개장(開章)[117]의 계략도 싹틀 수 없게 되어 천민은 선으로 향하고 대신은 순종함에 이를 것이니, 따라서 천하는 모두 폐하의 의로움을 알 것입니다. 이렇게 되면 갓난아이가 천하의 윗자리에 누워 있어도 안전할 것이며, 유복자(遺腹子)를 제위에 올리거나 선제의 갖옷만 조정에 두어도 천하는 어지럽지 않을 것이며, 당대에는 천하가 크게 다스려지고 후세에는 폐하께서 성군으로 칭송될 것입니다. 한번만 움직이시면 다섯 가지 업(業)[118]이 따라올 터인데, 폐하께서는 무슨 이유로 꺼리시며 오랫동안 이렇게 하지 않으십니까?

천하의 형세는 바야흐로 병이 들어 다리가 퉁퉁 부어 있습니다. 정강이 하나의 크기가 거의 허리만 하고 손가락 하나의 크기가 거의 넓적다리만 해서, 평소에 거동할 때 굴신(屈伸)할 수 없으며 손가락을 하나둘 펼 때마다 아프고 몸뚱이는 근심 때문에 아무런 즐거움이 없어 의지할 데가 없습니다. 지금의 알맞은 때를 놓치고 치유하지 않는다면 반드시 고질(痼疾)이 될 것이므로 비록 나중에 편작(扁鵲)[119]이 살아 온다 하더라도 치유는 불가능할 따름입니다. 병이 들어 단순히 붓기만 하는 것이 아니라 발바닥이 아파 걸을 수가 없습니다. 원왕[120]의 아들은 황제의 종제(從弟)이고, 지금의 왕은 종제의 아들입니다. 혜왕은 친형의 아들이고, 지금의 왕은 형의 아들의 아들입니다. 친근한 자(황제의 자손)에게는 혹시 땅을 나누어 주지 않아도 천하가 편안하지만 소원한 자(원왕과 혜왕의 자손)는 혹시라도 그들에게 대권을 통제하면 천자를 핍박할 것입니다. 이러한 까닭에 신은 '병이 들어 단순히 붓기만 하는 것이 아니라 발바닥이 아파 걸을 수가 없다'고 아뢰는 것입니다. 통곡할 만한 일이란 바로 이러한 병입니다.

천하의 형세는 바야흐로 거꾸로 매달려 있는 것과 같습니다. 무릇 천자를 천하의 머리라고 한다면, 어째서 그러할까요? 상(上)이기 때문입니다. 만이(蠻夷)를 천하의 발이라고 한다면, 어째서 그러할까요? 하(下)이기 때문입니다. 지금 흉노가 한나라를 깔보고 침략해 불경함에 이르렀고 천하의 근심이 되어 멈추지 않고 있는데도 한은 해마다 황금, 솜, 채색한 비단을 보내어 받들고 있습니다. 이적(夷狄)이 공물을 거두고 호령하니 이것은 주상(主上: 천자) 된 사람이 절개를 지켜야 할 바이며, 천자가 공손하게 공물을 바치니 이것은 신하 된 자의 예입니다. 발이 오히려 위를 차지하고 머리가 도리어 아래를 차지하여, 이와 같이 거꾸로 매달려 있는 형국인데도 능히 해결하지 못하니 어찌 나라에 밝고 지혜로운 인물이 있다고 하겠습니까? 거꾸로 매달려 있는 데 그치는 것이 아니라 걸을 수 없는 발병과 풍병(風病)까지 있습니다. 무릇 발병은 일면의 병이요, 풍병은 일방의 아픔입니다. 지금 서북 변경의 군(郡)에서는 높은 작(爵)을 가지고 있는 사람도 부역을 면제받기 쉽지 않고, 5척(尺) 이상의 어린아이까지 전투에 대비하느라 쉬기 쉽지 않으며, 척후병(斥候兵)은 봉수대(烽燧臺)를 바라보아야 하므로 침상에 누울 수 없으며, 장수와 군리(軍吏)는 갑옷과 투구를 걸친 채 잠들어야 합니다. 이러한 까닭에 신은 '일방의 병'이라고 아뢰는 것입니다. 의원[121]이 병을 치료할 수 있는데도 주상께서 이 사람을 부리지 못하고 계시므로, 눈물을 흘릴 만한 일은 바로 이것입니다.

폐하께서는 어찌하여 제(帝)·황(皇)의 칭호를 가지고도 적인(狄人: 북방 오랑캐, 여기서는 흉노)의 제후 노릇[122]을 참고 계십니까? 형세가 이미 비굴하고 치욕스러우며 화는 그치지 않고 있는데, 이 근심을 오래도록 키운다면 궁극에는 어떻게 되겠습니까? 계책을 올리는 자가 솔선해서 자신의 계책이 옳다고 하는 것은 진실로 이해할 수 없는 일이며, 치안에 관해 제대로 된 내용을 갖추지 않은 사례가 지나치게 많습니다. 신이 가만히 헤아려보니 흉노의 무리는 그 수효가 한 나라의 일개 큰 현의 주민에 지나지 않습니다. 천하의 큰 한 나라가 일개 현의 무리에게 괴롭힘을 당하고 있으니, 정사를 맡고 있는 사람으로서 매우 부끄러운 일입니다. 폐하께서는 어찌하여 신을 속국(屬國)의 관리[123]로 삼아 흉노를 관장케 하는 일을 시험하지 않으십니까? 신의 계책대로 실행한다면, 반드시 선우(單于)의 목을 매어 그 목숨을 끊고 중행열(中行說)[124]을 무릎 꿇려 배신 행위에 대해 볼기를 치게 될 것이니, 모든 흉노의 무리가 오로지 주상의 명령을 들을 것입니다. 지금 사나운 적을 사냥하지 않고 밭 돼지를 사냥하며, 모반한 도둑을 잡지 않고 사육 중인 토끼를 잡으며, 자질구레한 즐거움을 기뻐하고 큰 근심에 대해 도모하지 않으니, 이것은 편안함을 이루는 일이 되지 못합니다. 덕은 멀리 베풀어야 옳고 위엄은 멀리 더해야 옳은데 단지 몇백 리 밖에도 위엄과 명령이 뻗치지 않으니, 눈물을 흘릴 만한 일이 바로 이것입니다.

지금 민간에서는 노비를 파는 자가 노비에게 수놓은 옷을 입히고 비단실로 가장자리를 꾸민 신을 신겨 노비를 매매하는 우리 속으로 들여옵니다. 이것은 옛날 천자의 후(后)의 복식으로 묘(廟)에 들어갈 때만 입고 잔치에서는 입지 않는 차림인데, 서민들이 구입해서 비첩(婢妾)에게 입히고 있습니다. 하얀 주름의 비단 겉감, 얇고 흰 비단 안감, 꿰매어 만든 편제(偏諸: 장식용 끈), 아름답게 수놓은 무늬 같은 것들은 옛날 천자의 복식이었는데 부호와 큰 상인이 성대한 잔치를 열어 손님을 부를 때 담장을 장식하고 있습니다. 옛날에는 한 분의 황제와 한 분의 황후를 절도에 맞게 받들어 그 복식을 함부로 사용하지 않았는데, 지금은 서민의 집 담장에 황제의 복장이 내걸리고 있으며, 광대와 미천한 자들조차 황후의 장식을 사용하고 있으므로 천하에 재력을 탕진하지 않은 자가 거의 남아 있지 않습니다. 또한 황제의 신분임에도 불구하고 몸소 검고 두꺼운 비단옷을 입는데 부유한 자들은 무늬를 놓은 비단으로 담장과 집을 장식하고 있으며, 천자의 황후가 무늬를 놓은 비단으로 옷깃 가장자리를 꾸미고 있는데 서민과 첩(妾)은 같은 무늬와 재료로 신발을 장식하고 있으니, 이것이 신이 말하는 상하의 어긋남입니다. 무릇 백 사람이 농사를 지어도 한 사람을 입히지 못하니, 천하에 추위에 떠는 자를 없애려는 일이 어떻게 가능하다는 말입니까? 한 사람이 농사를 지으면 열 사람이 모여들어 먹으니, 천하에서 굶주림을 없애고자 해도 불가능합니다. 굶주림과 추위는 백성의 피부에 절실히 와닿는 것이므로 백성들의 간사함을 없애고자 해도 불가능합니다. 나라가 이미 쇠퇴하면 도적은 때를 기다렸다는 듯 일어날 따름인데, 그런데도 계책을 바치는 자는 '(천하가 편안하니) 동요하지 말라'고 크게 이야기할 뿐입니다. 무릇 풍속이 지극히 불경스럽고 지극히 상하의 등급이 없으며 지극히 윗사람을 욕되게 하는데도 계책을 올리는 자는 오히려 '아무 일도 하지 말라'고 말하니, 오랫동안 크게 탄식할 만한 일이 바로 이것입니다.

상앙이 예의를 버리고 자애와 은혜도 내팽개친 채 진취(進取)에만 마음을 쏟아 변법을 시행한 지 2년 만에 진나라의 풍속은 날로 무너져갔습니다. 이에 따라 진나라 사람들은 아들이 장년이 되면 부잣집에서는 분가시켜 내보내고 가난한 집에서는 데릴사위로 내보냈습니다. 아들은 아버지에게 농기구를 빌려주고 은덕을 베풀었다며 자랑스러운 낯빛을 띠고, 시어머니가 쓰레받기와 비를 집어 들면 며느리는 선 채로 곧장 욕을 해댑니다. 제 아들은 안아 젖을 먹이면서도 시아버지에게는 조금도 양보하지 않으며, 며느리와 시어머니가 서로 좋아하지 않고 입술을 내밀면서 이익을 헤아립니다. 자기 아들만을 사랑하고 이익을 좋아하니 금수(禽獸)와 다를 바 없습니다. 그런데도 마음을 하나로 모아 기회를 놓치지 않고 오히려 '6국을 쳐서 빼앗아 천하를 취한다'고 말했습니다. 공이 이루어지고 구하려는 바를 얻었으나, 끝내 부끄러움을 아

는 마음의 절개와 두터운 인의로 돌아올 줄 몰랐습니다. 겸
병(兼幷)의 원칙을 믿고 진취의 과업을 달성하니, 천하가 크
게 무너져 다수는 소수를 억누르고, 슬기로운 자는 어리석
은 자를 속이고, 용감한 자는 겁쟁이를 으르고, 젊은이는 노
인을 능멸하여 그 어지러움이 극에 달했습니다. 이러한 까닭
에 대현(大賢)[125]이 일어나자 그 위세가 해내에 떨치고 그 덕
으로 말미암아 천하가 따랐던 것입니다. 그 옛날에는 진의
천하였는데 지금은 바뀌어 한이 되었습니다. 그렇지만 진이
끼치고 남긴 풍속은 아직도 고쳐지지 않고 있습니다. 오늘날
세상에서는 지나치게 사치를 다투며, 윗사람이 법도가 없어
예의를 팽개치고 염치를 버리는 일이 날로 심해져 달마다 다
르고 해마다 같지 않다고 말할 수 있습니다. 이익을 좇는 데
서 그치면 다행이지만, 그들이 행위의 옳고 그름을 거의 헤
아리지 못할까 봐 걱정스러운 것은, 요즘 심한 경우에는 아
버지나 형을 죽이기까지 하기 때문입니다. 도적질하는 자는
침전(寢殿: 황제가 자는 집) 입구의 발[簾]조차 잘라내고 고조
묘(高祖廟)와 혜제묘(惠帝廟)의 제기(祭器)를 빼내며, 대낮에
큰 도시에서 관리를 위협해 황금을 탈취하기도 합니다. 거짓
을 바로잡아야 할 관리들은 문서를 위조해서 창고의 곡식 몇
십만 석(石)을 빼내고, 600여만 전(錢)을 세금으로 바치게 하
며, 거짓으로 전거(傳車: 역전의 수레)를 타고 군국(郡國)을 돌
아다니니, 이는 의롭지 않은 행동이 지독하게 심한 경우입니

다. 대신들은 한갓 장부로 보고하면 될 일을 가지고 적기(適期)를 놓치고 큰 사고를 일으킵니다. 풍속이 유실되면서 세상은 무너져 부서지고 편안함을 믿고 괴이함을 알지 못하며, 귀와 눈을 거의 움직이지 않고도 사리가 당연하다고 생각합니다. 무릇 이풍역속(移風易俗)[126]으로 천하 만백성의 마음을 돌려 도(道)로 향하게 함은 비유컨대 속리(俗吏)가 할 수 있는 바가 아닙니다. 속리는 도필(刀筆: 문서 작성)과 광협(筐筴: 서적 보관)에 힘쓰는 자들로, 대체(大體)를 알지는 못합니다. 폐하 또한 스스로 근심하지 않으시니 마음속으로 폐하를 위해 안타깝게 여깁니다.

무릇 군주와 신하를 두고 상하를 구분하며, 아버지와 아들에게는 예를, 육친에게는 버리를 있게 하니, 이것은 하늘이 만든 바가 아니라 사람이 베푼 바입니다. 무릇 사람이 베푼 바이니 세우지 않으면 안 되며, 세우지 않으면 쓰러지고 닦지 않으면 무너집니다. 관자(管子, ?~기원전 645)[127]는 "예(禮)·의(義)·염(廉)·치(恥)를 사유(四維)라고 이르는데, 사유가 확장되지 않으면 나라는 바로 멸망한다"고 말했습니다. 관자가 어리석은 사람이었다고 한다면 그의 말은 사실이 아니므로 사유가 없어도 괜찮지만, 관자가 다스림의 근본을 어느 정도 알고 있었다고 한다면 이 한심한 지경을 어찌 근심하지 않겠습니까! 진나라는 사유를 확장하지 않고 없애버렸기 때문에 군신의 도가 어그러지고 어지러웠으며, 육친끼리 서로 해치고 죽였으며, 간악한 사람들이 한꺼번에 일어나 만백성이 이반했으므로 도합 13년[128]에 사직은 폐허가 되었습니다. 지금도 사유는 아직 갖추어지지 않아 간악한 사람은 거의 모두 요행을 바라고 있으며, 여러 사람의 마음은 의혹에 차 있습니다. 지금과 같은 때에 불변(不變)의 제도를 정해 군군신신(君君臣臣)[129]하고, 상하 차이를 두며, 부자 육친이 각기 그 화목함을 얻고, 간악한 사람이 요행을 바람이 없도록 만든다면, 모든 신하들이 함께 충성과 신의를 행할 것이니, 이에 주상께서 어찌 의혹을 품으시겠습니까! 이 과업이 한번 정해지면 대대로 언제나 편안하고 금후에도 유지되어 순조롭게 시행될 것입니다. 만약 법제가 정해지지 않는다면 이는 배를 타고 장강(長江, 양자강)과 황하(黃河)를 건널 때 닻과 노가 없는 것과 같아 중류에서 풍파를 만난다면 배는 반드시 뒤집어지고 맙니다. 오랫동안 크게 탄식할 만한 일이란 바로 이것입니다.

하나라가 천자 노릇을 한 지 10여 대에 은나라가 이어받았습니다. 은나라가 천자 노릇을 한 지 20여 대에 주나라가 이어받았습니다. 주나라가 천자 노릇을 한 지 30여 대에 진나라가 이어받았습니다. 진나라는 천자 노릇을 한 지 2대 만에 망했습니다. 사람의 타고난 성품은 지나치게 멀지 않은데, 어째서 3대의 군주는 도(道)가 있어 오래 이어졌고 진은 도가 없어 급작스럽게 끝난 것입니까? 그 까닭을 알 수 있습니다. 옛날의 제왕은 태자(太子)가 처음 태어나면 진실로 예로써 키우고 사인(士人)에게 맡겼으며, 유사(有司: 해당 업무를 맡은 관리)는 엄숙하게 재계·정장하고 남쪽 교외에서 태자를 배알하여 하늘에 나타내 보였습니다. 궁문(宮門)을 통과할 때는 반드시 수레에서 내리고, 종묘를 지나갈 때는 반드시 종종걸음을 하는 것이 효자의 도리였습니다. 따라서 갓난아이 때부터 진실로 가르침이 이루어졌던 것입니다. 옛날 주나라 성왕(成王)[130]이 어려서 강보에 싸여 있을 적에 소공(召公)은 태보(太保), 주공(周公)은 태부(太傅), 태공(太公)은 태사(太師)가 되었습니다. '보(保)'란 그 신체를 보호함이요, '부(傅)'란 덕과 의를 도움이요, '사(師)'란 교훈으로 이끎이니, 이것이 삼공(三公)의 직책이었습니다. 여기에 태자를 위해 삼소(三少)를 두어 모두 상대부(上大夫)[131]에게 맡겼는데, 소보(少保)·소부(少傅)·소사(少師)가 그것으로 태자와 함께 편안하게 지내는 자리였습니다. 따라서 태자는 어릴 적부터 가르침을 받고 인도되어 식견을 지녔으며, 삼공과 삼소는 진실로 효(孝)·인(仁)·예(禮)·의(義)를 밝히고 이끌어 태자로 하여금 익히게 했고, 사악한 사람을 쫓아버려 악행을 보지 못하게 했습니다. 여기에 천하의 정직한 인물과 효제박문(孝悌博聞: 효성스럽고 우애가 있으며 식견이 풍부함)하고 도덕과 학술을 지닌 자를 모두 뽑아서 돕게 해, 태자와 함께 거처출입(居處出入)토록 했습니다. 따라서 태자는 나면서부터 바른 일을 보고 바른말을 듣고 바른 도를 행했으므로 전후좌우 모두 바른 사람뿐이었습니다. 무릇 바른 사람과 익히며 거처하면 바르지 않은 일을 할 수 없으니 제나라에서 나서 자라면 제나라 말을 하지 않을 수 없음과 같고, 바르지 않은 사람과 익히고 거처하면 바르지 않은 일을 하게 되니 초나라 땅에서 나서 자라면 초나라 말을 하지 않을 수 없음과 같습니다. 따라서 그 좋아하는 바를 가려 반드시 먼저 과업을 주어 바로 시험하도록 했으며, 그 즐기는 바를 가려 반드시 먼저 익숙함을 가지게 해 바로 이루도록 했습니다. 공자께서 "어릴 때의 이룸은 천성과 같고, 습관은 자연스러움과 같다"[132]고 한 것이 바로 그것입니다. 태자가 어느 정도 자라 배우자의 여색(女色)을 알 무렵이면 학교에 들어갔습니다. '학(學)'이란 배우는 관사(官舍: 건물)입니다. 《학례(學禮)》[133]에서는 "제(帝)가 동학(東學)에 들어 어버이를 공경하고 어짊을 귀하게 여기니 친소(親疎)에는 질서가 있었고 서로에게 은혜가 미쳤다. 제가 남학(南學)에 들어 연장자를 공경하고 믿음을 귀하게 여기니 장유의 차이가 있었고 백성이 속이지 않았다. 제가 서학(西學)에 들어 어진 이를 공경하고 덕을 귀하게 여기니 성지(聖智: 천자의 지혜)의 사람이 제자리에 있었으며 공을 잃지 않았다. 제가 북학(北學)에 들어 귀인을 공경하고 작(爵)을 높이 여기니 귀천에 등급이 있어 아랫사람이 법도를 넘어서지 않았다. 제가 태학(太學)에 들어 스승의 가르침을 이어받아 도를 물으며, 물러나면 배운 바를 익히고 태부에게 궁구(窮究)하니, 태부는 본받지 않음을 벌주고 미치지 못함을 바로잡았으므로 태자의 덕과 지혜가 늘어나고 다스리는 도(道)가 갖춰졌다. 이 오학(五學)이 이미 위에서 이루어지면, 백성과 여민(黎民: '백성'과 같은 뜻)이 아래에서 화답하며 그 아래로 모여들었다"라고 말하고 있습니다. 태자가 이미 관례(冠禮)를 올려 성인이 되면 태보와 태부의 엄격한 가르침에서 벗어났지만, 그 대신에 잘못을 기록하는 사관(史官)과 책임지고 음식을 바치는 요리사,[134] 정기(旌旗) 아래에서 좋은 말을 아뢰는 사람, 나쁜 일을 충고해 나무에 새기는 사람, 감히 드러내어 간(諫)하고자 북을 치는 사람 등이 있었습니다. 태사(太史)[135]는 《시(詩)》를 읊어 풍간(諷諫)했고, 악공은 잠언(箴言)을 읊어 간했으며, 대부는 계책을 올렸고, 사인은 민간에 떠도는 이야기를 전했습니다. 이에 따라 태자의 습관과 지혜가 자라났으며 절차탁마(切磋琢磨)해서 부끄럽지 않았으니, 교화와 마음이 성취됨에 따라 성품은 바른 도와 합치했습니다. 3대의 예에서 왕자가 봄날 아침에 처음 돋는 해를 맞이하고 가을날 저녁에 처음 나오는 달을 맞이한 것은 공경하는 뜻이 있음을 밝힌 것입니다. 봄과 가을의 입학 시기에 나라의 어른을 주위에 앉게 한 다음 빚은 술을 지니고 몸소 음식을 대접한 것은 효성스러운 뜻이 있음을 밝힌 것입니다. 수레로 갈 때는 난화(鸞和: 수레 위의 방울)를 달고, 걸을 때는 〈채제(采齊)〉에 맞추고 달릴 때는 〈사하(肆夏)〉[136]에 맞춘 것은 법도가 있음을 밝힌 것입니다. 금수의 경우, 산 것을 보고서는 사체(死體)를 먹지 않았고, 소리를 듣고서는 고기를 먹지 않았습니다. 이에 따라 주방(廚房)을 멀리했는데, 은혜를 넓히고 어진 마음이 있음을 밝히기 위해서였습니다.

무릇 3대가 장구했던 것은 태자를 보좌하는 데 이러한 모든 것이 갖춰졌기 때문이었습니다. 그러나 진나라에 이르러서는 그렇지 않았습니다. 그 풍속은, 참으로 사양함을 귀하게 여기지 않아 윗사람이 관청에 고발하는 행위를 숭상하고, 참으로 예의를 귀하게 여기지 않아 윗사람이 형벌을 숭상하는 지경이었습니다. 조고(趙高)를 호해(胡亥)의 태부로 삼아 옥사(獄事: 반역, 살인 등 중대한 범죄를 다스리는 일)를 가르치게 했는데, 호해가 익힌 바는 참형(斬刑)과 의형(劓刑)이 아니라 삼족(三族)을 멸하는 것이었습니다. 따라서 호해는 오늘 즉위하여 그다음 날 사람을 쏘아 죽였으며, 충간(忠諫)을 비방(誹謗)이라 이르고 깊이 헤아림을 요언(妖言)이라 이르면서 살인(殺人)을 풀과 띠를 베는 것쯤으로 여겼습니다. 어찌 호해의 성품만 악했겠습니까? 이는 호해를 인도한 조고의 가르침이 사리에 맞지 않았기 때문입니다.[137]

세간에서는 '관리 노릇에 익숙하지 않은 채, 이미 이루어진 일만 살핀다'라는 말이 떠돌고 있습니다. 뿐만 아니라 '앞 수레가 뒤집어지면 뒤 수레가 경계한다'고도 말합니다. 무릇

3대가 장구했던 까닭은 이미 지나간 일로써 알 수 있으나, 이를 따르지 못함은 성지를 본받지 않기 때문입니다. 이것이 진대에서 빨리 끊어졌음을 수레의 자취로써 볼 수 있는데도 피하지 않으니 뒤 수레는 또 뒤집어질 것입니다. 무릇 존망의 변화와 치(治)·난(亂)의 틀의 요체는 여기에 있습니다. 천하의 운명은 태자에게 달려 있으며, 태자의 선(善)은 일찍부터 그를 가르쳐 깨우치게 하고 좌우에서 모시는 자를 잘 뽑는 데 있습니다. 무릇 동심이 나쁜 것에 물들지 않았을 때 먼저 깨우쳐 가르치면 교화가 쉽게 이루어지니, 태자가 도덕·학술·지혜·옳음의 뜻을 깨치게 됨은 가르침의 힘입니다. 습관을 몸에 붙여 쌓게 하는 일은 좌우에서 모시는 자의 소임입니다. 무릇 호인(胡人)과 월인(粤人)은 태어날 때는 목소리가 똑같고 기호(嗜好)와 욕망도 다르지 않지만, 장성하여 풍속이 형성되면 몇 차례나 통역을 거쳐도 서로 말이 통하지 않으므로, 비록 길바닥에 죽은 사람이 있어도 도와줄 수 없었던 것은 가르침과 익힘이 그러했기 때문입니다. 그러므로 신은 '좌우에서 모시는 자를 뽑아 일찍 깨우쳐 가르침을 최우선으로 하십시오'라고 아뢰겠습니다. 무릇 가르칠 수 있고 좌우에서 모시는 자들이 바르면 태자가 바르게 되고, 태자가 바르게 되면 천하가 정해질 것입니다. 《서(書)》에서는 "한 사람(천자)에게 경사가 있으면, 천하 백성들이 이로움을 얻는다"라고 말합니다. 이것(태자 교육)이 당세의 급한 일입니다.

무릇 사람의 지혜는 이미 일어난 일은 볼 수 있으나 앞으로 일어날 일은 볼 수 없습니다. 예란 앞으로 일어나기 전에 금(禁)하는 것이고, 법이란 이미 일어난 후에 금하는 것입니다. 이러한 까닭에 법이 적용되는 바는 쉽게 보이지만 예가 이루어져 생성되는 바는 알기 어렵습니다. 무릇 상(賞)을 내려 선을 권하고 형벌로 악을 징계한다면, 선왕이 지키는 이러한 정치는 금석처럼 단단하고, 시행하는 이러한 영은 사시(四時)의 순환처럼 믿음직하며, 준거(準據)로 삼는 이러한 공평함은 천지와 같이 사사로움이 없을 터이니 어째서 돌이켜 이러한 상사(賞賜)와 형벌을 적용하지 않으십니까? 그런데 '예에 이르기를…, 예에 이르기를…'이라고 말하는 것은 싹이 나기 전에 악을 끊고 미묘한 가운데서 교화를 일으켜, 백성으로 하여금 날마다 선으로 옮아가게 하고 죄를 멀리해서 스스로 알지 못함을 귀하게 여기는 것입니다. 공자는 "소송을 듣는 일은 나도 남들처럼 할 수 있으나, 덕화를 펴서 반드시 소송이 일어나지 않도록 해야 할 것이다!"[138]라고 말했습니다. 남을 위해 계책을 주로 내는 사람은 먼저 취사(取捨: 취하고 버림)를 살피는 것이 제일인데, 취사의 극(極: 범주)이 안에서 정해지면 안위의 싹이 밖에서 응대합니다. 편안함이란 하루의 편안함이 아니고 위태로움이란 하루의 위태로움이 아니며 모두 조금씩 쌓여 그렇게 되는 것이므로 살피지 않을 수 없습니다. 인주(人主: 임금)가 쌓는 바는 취사에 있습니

다. 예의로 다스리는 자는 예의를 쌓고 형벌로 다스리는 자
는 형벌을 쌓습니다. 형벌이 쌓이면 백성들은 원망하면서 등
을 돌리고 예의가 쌓이면 백성들은 화합하면서 가까이합니
다. 따라서 세상의 주인 되는 자(임금)가 백성을 선량하게 하
려는 욕심은 서로 같으나 백성을 선량하게 하는 방법은 다
를 수도 있습니다. 어떤 사람은 덕교(德敎)로 이끌고, 어떤 사
람은 법령으로 몰아갑니다. 덕교로 이끌 때는 덕교가 넉넉해
서 백성의 기풍이 즐거우며, 법령으로 몰아갈 때는 법령이
한계에 이르러 백성의 풍속이 슬픕니다. 슬프고 즐거운 감
정은 화와 복의 응대입니다. 진나라 왕이 종묘를 높이고 자
손을 편안하게 하려 했음은 탕무(湯武)와 마찬가지였습니다.
그러나 탕무는 덕행을 넓히고 크게 시행해 600~700년 동안
왕통(王統)을 잃지 않았으나 진나라 왕은 천하를 다스린 지
10여 년 만에 크게 실패했습니다. 그 이유는 다른 게 아니라,
탕무는 취사를 정하면서 살폈으나 진나라 왕은 취사를 정하
면서 살피지 않았기 때문입니다.[139] 무릇 천하는 큰 그릇입
니다. 그릇을 둘 때 안전한 곳에 두면 안전하고 위험한 곳에
두면 위험합니다. 천하 정세는 그릇과 다름이 없으므로 천자
가 두는 곳에 있습니다. 탕무는 천하를 인·의·예·악에 두어
덕택(德澤)이 넉넉했고, 금수와 초목이 널리 풍족했으며, 덕
이 만맥(蠻貊)[140]과 사이(四夷)에 미쳤고, 여러 자손이 수십 대
에 이어졌으니 이는 천하가 함께 들어서 아는 바입니다. 진

나라 왕은 천하를 법령과 형벌에 두어 덕택이 전혀 없었으며, 원망과 미움이 세상에 가득 차 아랫사람이 진왕을 원수 대하듯 증오했고, 화가 차츰차츰 몸에 미쳐 자손이 족살(族殺)되어 끊어졌으므로 이는 천하가 함께 목격한 바입니다. 이것이 명백한 효험이자 큰 증좌가 아니겠습니까! 사람들은 '말을 듣는 방법은 반드시 그 사실에 비추어 주의해 보아야 하며, 말하는 자는 감히 망언하지 않아야 한다'고 말합니다. 이제 예의가 법령만 못하고 교화가 형벌만 못하다고 말하는데, 임금께서는 어째서 은·주·진의 사실로써 살피지 않으십니까?

비유하건대 임금의 존엄함은 마루[堂]와 같고, 여러 신하는 섬돌과 같으며, 뭇 서민은 지면과 같습니다. 따라서 섬돌이 아홉 단계를 넘으면 마루의 옆 모퉁이가 지면으로부터 멀어서 마루는 높고, 섬돌이 없으면 마루의 모퉁이가 지면에 가까워 마루는 낮습니다. 높으면 오르기 어렵고 낮으면 오르기 쉬움의 이치와 형세는 바로 이러합니다. 따라서 옛날의 성왕(聖王)은 등급을 제도로 만들었으니 안으로 공·경·대부·사가 있었고, 밖으로는 공·후·백·자·남이 있었습니다. 그 다음에 한 관청의 장(長)과 소리(小吏: 말단 관리)가 있었으며 다음으로 서인까지 이어졌는데, 등급이 분명했고 천자께서만 더해줄 수 있을 따름이어서 그 존엄함은 미칠 수 없는 것이었습니다. 항간에는 '쥐를 잡으려 하는데 그릇이 깨어질까 봐 꺼린다'는 말이 있습니다. 이것은 좋은 비유입니다. 쥐가 그릇에 가까이 있는데도 오히려 꺼려서 잡지 않음은 그릇이 상할까 봐 염려하기 때문인데, 하물며 귀한 신하가 임금 가까이에 있는 것입니다! 임금은 염치와 예절로 군자를 다스리므로 죽음을 내리는 일[141]은 있어도 죽이거나 욕보이는 일은 없습니다. 따라서 경(黥)·의(劓)와 같은 형벌이 대부에게 미치지 않는 것은 대부가 주상과 멀리 떨어져 있지 않기 때문입니다. 옛날의 예(禮)는 감히 임금의 수레를 끄는 말의 나이를 세지 않았으며, 말의 꼴을 발로 차는 자를 처벌했습니다. 임금의 궤장(几杖: 안석과 지팡이)을 보면 일어났고, 임금의 수레를 만나면 탈것에서 내렸으며, 왕궁 정문에 들어서면 종종걸음을 쳤습니다. 임금의 총애하는 신하가 비록 잘못이 있어도 그의 몸에 형륙(刑戮)의 죄를 가하지 않은 이유는 임금을 높이 받든다는 뜻에서였습니다. 이것은 주상을 위해 미리 불경(不敬)을 멀리하고, 대신의 체모(體貌)를 위해 그 절개를 북돋아주려 했기 때문입니다. 지금 귀한 신분인 왕후와 삼공부터는 모두 천자께서 몸가짐을 고쳐 예로써 대하는 사람들로, 옛날에 천자가 백부(伯父)나 백구(伯舅)[142]라고 일컫던 사람들이었습니다. 그러나 지금은 뭇 서인들과 마찬가지로 경(黥)·의(劓)·곤(髡)·월(刖)·태(笞)·마(傌)·기시(棄市)[143]의 법에 처해지고 있으니 마루 아래에 섬돌이 없는 것이 아닙니까? 치욕을 당하는 자가 천자와 근접해 있는 것이 아닙니까? 염치가 시행되지 않으니 대신이 오히려 무거운 권력을 쥐고 대관(大官)의 자리에서 한갓 노예처럼 부끄러움을 모르는 마음을 지니고 있는 것이 아닙니까? 무릇 망이궁(望夷宮)의 일[144]에서 진의 이세황제가 무거운 법에 의해 처결되는 것을 보니, 이는 쥐를 잡을 때 그릇이 깨어짐을 꺼리지 않는 습속이라고 하겠습니다.

신(臣)은 '신발이 비록 깨끗하다 할지라도 베개 위에 올려놓지 않으며, 갓이 비록 해졌다 할지라도 신발 바닥 밑에 깔지 않는다'고 들었습니다. 무릇 대신은 일찍이 높고 총애받는 자리에 있었기에 천자께서 자신의 몸가짐을 고쳐 체모를 세워주셨고, 관리와 백성이 일찍이 그를 향해 구부리고 엎드려 경외(敬畏)를 표시했지만, 지금 그에게 잘못이 있다면 황제께서는 그만두게 하실 수도 있으며, 물러나게 하실 수도 있으며, 자살케 하실 수도 있으며, 죽이실 수도 있습니다. 그를 묶고 긴 밧줄로 엮어 사구(司寇)[145]에게 보내 보졸(步卒)로 편입시킨 다음 사구와 소리로 하여금 꾸짖고 욕하면서 매질하게 하는 행위는 뭇 서민에게 구경시킬 만한 것이 아닙니다. 무릇 비천한 자로 하여금 존귀한 자가 하루아침에 형을 받게 되는 일도 있으며 또 자기 자신이 이보다 나을 수 있음을 익히 알게 한다면, 이는 천하에 즐겨 행할 일이 아니며, 높은 것을 높이 여기게 하고 귀한 것을 귀히 여기게 하는 교화가 아닙니다. 무릇 천자가 일찍이 공경한 바이고 뭇 서민들이 일찍이 총애한 인물이 죽거나 죽어버릴 따름인데, 그렇다고 하여 어찌 천인이 갑자기 그에게 욕을 보일 수 있겠습니까!

예양(豫讓)은 중행(中行)을 임금으로 섬기다가, 지백(智伯, ?~기원전 453)이 중행을 쳐 멸망시키자 섬기는 상대를 지백으로 바꾸었습니다. 조(趙)나라가 지백을 멸망시키니 예양은 얼굴에 분칠을 하여 모습을 바꾸고 숯을 삼켜 목소리를 바꾼 다음, 조양자(趙襄子, ?~기원전 425)에게 반드시 복수하겠다고 다짐하고 다섯 번이나 떨쳐 일어났으나 성공하지 못했습니다. 어떤 사람이 예양에게 그와 같이 행동한 까닭을 물으니, 예양은 "중행은 나를 중인(衆人: 평범한 인물)으로 취급했으므로 나도 그를 중인으로 섬겼으며, 지백은 나를 국사(國士: 나라의 인재)로 대우했으므로 나도 국사로서 그에게 보답했다"라고 말했습니다.[146] 동일한 인물인 예양이 임금을 배반하고 원수를 섬긴 행동은 개나 돼지와 같았으나, 중행에 대한 절개를 굽히고 지백에게 충성을 바친 행동이 다른 여러 사나이의 행동보다 낫게 된 것은 임금이 그렇게 만든 것입니다. 따라서 주상이 그 대신을 개나 말처럼 대우하면 그들도 장차 스스로 개나 말처럼 행동할 것이요, 관리의 무리로 대우하면 그들도 장차 스스로 관리의 무리처럼 행동할 것입니다. 그들은 완고하고 우둔하고 부끄러움을 알지 못하며, 지분(志分: 지조와 분수) 없고 절개 없으며, 염치를 아는 마음이 서 있지 않고 스스로 기쁘다고 말하지 않으며, 구차스럽게 삶을 훔치기 때문에 이익을 보면 달려가고 편리함을 보면 빼앗습니다. 주상에게 잘못이 있으면 주상을 곤경에 몰아넣어 이익을 탈취하며, 주상에게 우환이 있으면 자신은 구차스럽게 면하기만을 바라면서 선 채로 바라볼 따름이며, 나에게 편리함이 있으면 남을 속이고 팔아 이익을 취할 뿐입니다. 주상께서는 장차 이러한 상황에서 어떻게 편하시겠습니까? 신하는 그 수가 너무 많고 주상은 아주 적으므로, 맡고 있는 재기(財器)와 관직상의 업무에 관한 권세는 모두 군신에게 있습니다. 함께 부끄러움이 없고, 함께 구차스럽게 편안함은 주상의 가장 심한 병(病)입니다. 따라서 옛날에 "예(禮)는 서민에게까지 미치지 않고, 형(刑)은 대부에게까지 이르지 않는다"[147]고 한 것은 총신(寵臣)의 절개를 권장한 까닭입니다. 옛날에는 대신들이 청렴하지 않은 죄에 연좌(緣坐)되어 파직되었을 때 청렴하지 않다고 이르지 않고 '보궤(簠簋)[148]가 꾸며지지 않았다'고 말했습니다. 추잡하고 더러우며 남녀가 뒤섞인 음란한 죄에 연루되었을 때는 추잡하고 더럽다고 말하지 않고 '휘장이 엷어 고치지 않았다'고 말했으며, 몸이 약해 임무를 수행하지 못하고 파직되었을 때는 파연(罷軟)이라 말하지 않고 '아랫사람이 직무를 다하지 못했다'고 말했습니다. 그러므로 존귀한 대신의 죄가 확정되었어도, 그를 내쳐서 정식으로 그 죄명을 부르지 않고 오히려 그를 위해 이리저리 회피하면서 꺼렸던 것입니다. 따라서 큰 꾸지람과 큰 나무람을 당해야 할 처지에 있는 자는 꾸지람과 나무람을 들을 때 상복을 입고 털 끈을 맨 관(冠)을 쓰고 물 담은 쟁반에 칼을 얹고서 청실(請室: 죄를 청하는 방)에 이르러 죄를 청했으며, 임금은 그를 묶어서 끌게 하지 않았습니다. 중죄(中罪)를 지은 자는 명령을 들으면 스스로 사직하고 자결했으니 임금은 (사람을 시켜) 그 목을 비틀게 하여 몸소 형벌을 가하지 않았으며, 대죄를 지은 자는 명령을 들으면 북쪽을 향해 두 번 절한 다음 꿇어앉아 스스로 목숨을 끊었으니 임금은 (사람을 시켜) 머리카락을 움켜쥐게 해서 처형하지 않았으며, "대부 그대 스스로에게 허물이 있을 따름이도다! 나는 그대를 예로써 대우하노라"라고 말했습니다. 예에 따라 대우했으므로 모든 신하가 스스로 기뻐했으며, 염치를 더해주었으므로 사람들은 절조 있는 행동을 숭상했습니다. 임금이 염치와 예의를 베풀어 신하를 대우하는데 신하가 절조 있는 행동으로 임금에게 보답하지 않는다면 사람의 무리가 아닙니다. 따라서 교화가 이루어지고 풍속이 안정되면, 신하 된 자는 오로지 주인을 위해 몸을 잊고 나라를 위해 집안을 잊고 공을 위해 사를 잊으며, 구차스럽게 이익을 좇지 않고 구차스럽게 해(害)를 피하지 않으므로 오로지 의로움만 존재할 것입니다. 이 모든 것이 주상의 덕화이니, 아버지나 형과 같은 신하가 진실로 종묘를 위해 죽고, 법도를 맡은 신하가 진실로 사직을 위해 죽고, 보좌하는 신하가 진실로 임금을 위해 죽고, 감옥을 지키며 적을 막는 신하가 진실로 성곽과 강토를 위해 죽을 것입니다. 따라서 '성인은 금성(金城: 견고한 성곽)을 지니고 있다'고 함은 이러한 뜻을 사물에 빗댄 것입니다. 그들이 나를 위해 죽는다면 나는 그들과 삶을 함께할 것이며, 그들이 나를 위해 망한다면 나는 그들과 함께 존재할 것이며, 무릇 그들이 장차 나를 위해 위태로움에 빠진다면 나는 그들과 함께 모두 편안해질 것입니다. 여러 신하들이 행동을 돌이켜 보고는 이익을 잊고 절개를 지키며 의에 의지하므로 그들에게 권력을 맡겨도 통제할 필요가 없으며, 그들에게 키가 6척에 불과한 고아[149]를 맡기실 수 있을 것입니다. 이는 염치를 북돋고 예의를 행한 소치입니다. 주상께서는 무엇을 잃으시겠습니까! 이렇게 하지 않고 오히려 오래도록 저렇게 하고 계시니,[150] 그러므로 오랫동안 길이 탄식할 만한 일이 이것입니다.

한 제국의 신질서 구상

1. 가의와 그의 시대

(1) 전한 초기의 정치와 '제후왕'

조숙한 천재, 불우했던 문사(文士), 위대한 정치 사상가. 전한(기원전 202~기원후 8)의 고조(高祖, 기원전 202~기원전 195 재위) 유방(劉邦)의 통치 시기에 태어나 문제(文帝, 기원전 180~기원전 157 재위) 치세에서 활약한 가의에 대해 이렇듯 피상적인 평가를 내릴 수도 있다. 그러나 길지 않은 생애를 살았음에도 중국 고대사에서 그가 점하고 있는 위치를 몇 마디 말로 끝내기에는 무리가 따른다. 당시의 정치와 사회 문제를 논한 그의 정론(政論)과 좌절감과 증오심으로 점철된 그의 사부(詞賦)를 생각하면 더욱 그러하다. 가의의 생애와 그의 역사적 위치를 파악하기 위해서는 전한 초기라는 시대적 배경과 당시의 정치사에 대한 이해가 전제되어야 한다.

가의는 기원전 200년에 낙양(洛陽)[151]에서 태어났다. 그의 가계와 조상의 사회적 지위에 대해서는 알려진 바가 없다. 다만 그의 높은 학문 수준으로 미루어 사인(士人) 계층 출신이라고 추측해볼 수는 있다.

기원전 200년은 전한의 고조 유방이 황제의 자리에 오른 지 6년째 되는 해였다. 또한 유방이 항우(項羽)를 격파하고 분열된 중국을 재통일한 기원전 202년부터 헤아리면 겨우 이태밖에 되지 않은 때였다. 그해 10월,[152] 고조는 병사를 이끌고 한왕(韓王) 신(信)을 공격했다. 한왕은 흉노에게 달아난 다음, 흉노와 연합해 한나라의 변경을 시끄럽게 만들었다. 고조는 몸소 대병을 거느리고 흉노를 쳤으나 평성(平城: 산서 성 대동시 동북) 동쪽의 백등산(白登山)에서 묵특선우(冒頓單于)[153]의 군사에게 포위되고 말았다. 포위된 채 7일의 시간이 흘렀고, 고조는 절체절명의 위기에 처했으나 진평(陳平)의 계책을 사용해 선우의 황후 연지(閼氏)에게 금은보화 등의 뇌물을 바친 후에야 포위망을 풀게 하여 탈출할 수 있었다.

가의가 출생하던 해에 발생한 두 가지 사건, 요컨대 황제가 한왕 신을 공격해 전쟁에 돌입한 일, 그리고 흉노에게 패배한 일은 전한이 건국 초기에 당면했던 대내외 문제를 단적으로 보여준다. 이 두 사건은 후일 가의가 황제에게 방책을 건의한 사안과 관련된 것이기도 하다. 가의가 흉노 문제를 다루지 않은 것은 아니지만, 국내 문제에 광범위한 관심을 기울이면서 의미 있는 개혁 정책을 제시했으므로 먼저 한왕

신의 경우에 대해 알아보는 것이 순서일 듯하다. 한왕 신의 이름은 한신(韓信)이다. 여기에서 말하는 한신은 일반적으로 알려진 한신과 다른 인물로, 보통은 '회음후(淮陰侯) 한신'과 구분해 '한왕 신'으로 표기한다.[154] 그런데 두 사람 모두 전한 초기에 유방에 의해 제후왕으로 봉해진 인물이었다. 고조의 한왕 신 토벌과 한왕 신의 흉노 투항, 그리고 고조의 흉노 친정(親征)은 바로 이 '제후왕' 제도의 모순에서 출발한 것이었다. '제후왕'이야말로 전한 초기에 황제들이 해결해야 할 최대 과제였으며, 전한 초기의 정치사는 제후왕 문제를 빼놓고는 생각할 수 없다.

항우와의 싸움에서 승리한 유방은 한(漢)을 건국하고 장안을 수도로 삼았다. 그렇지만 건국 초기에 유방은 절대 권력을 소유하지 못하고 있었다. 제국(帝國)에는 절대 권력이 존재해야 한다. 전한의 황제 역시 진의 시황제처럼 절대 권력을 소유하는 것이 원칙이다. 그럼에도 이러한 현상이 일어난 배경은 어디에 있었을까. 한나라를 세운 공신(功臣)들의 힘이 막강했기 때문이었다.

시황제 사후에 진승과 오광의 난을 시작으로 수많은 반란이 잇따랐다. 이들 농민뿐만 아니라 진나라에 합병된 전국(戰國) 6국의 후예들도 반란에 가담했다. 초기의 크고 작은 반란 집단은 세력의 강약에 의해 이합집산을 반복한 결과 차차 항우 집단과 유방 집단으로 정리되어갔다. 유방은 자신보다 세력이 월등하게 뛰어난 항우와 맞서기 위해 다른 집단과 연합하지 않을 수 없었다. 그 결과 유방은 이들의 도움에 크게 힘입어 항우를 제압하고 천하 통일을 달성할 수 있었다. 통일 후 '한신' 등은 공신이 되어 명예와 특권을 누리기에 이르렀다. 공신들은 사회적 출신 성분상 대부분 임협(任俠)[155]에 속했다. 그 가운데 가장 강한 세력이 회음후 한신이었다. 이들은 독립된 세력을 보유한 채 유방과 연합하고 형식적으로 그 휘하에 들어갔던 것이다. 통일 후에도 이들의 세력은 존속했고, 유방 역시 이러한 공신들을 간단하게 취급할 수 없었다.

유방은 전한을 건국한 후에도 이들을 현실적인 세력으로 인정하고 그 대책으로 이등작제(二等爵制)를 실시했다. 제후왕은 이등작제에 의해 탄생된 제도이므로 이등작제에 대해 자세히 알아보자. 이등작제는, 서주(西周) 시기에 봉건제에 따라 주왕 아래에 공작(公爵)·후작(侯爵)·백작(伯爵)·자작(子爵)·남작(男爵)의 다섯 등급의 작위를 제정하고 제후들에게 차등적으로 수여한 오등작제[156]와 전국 진의 효공 치세에 상앙이 도입한 이십등작제[157]의 성격을 함께 지닌 작제였다. 이등작제는 제후왕과 열후(列侯)[158]로 구성되어 있었다.

제후왕을 역임한 인물은 모두 일곱 사람으로, '한왕 신'과 '회음후 한신'은 모두 제후왕으로 임명되었다. '한왕 신'은 한(韓)나라, '회음후 한신'은 초(楚)나라의 제후왕이 된 것이다. 제후왕은 3~4개의 군을 통치했으며, 독자적인 군사권과 관리 임명권을 보유하고 있었다. 군정과 민정, 양자를 한꺼번에 장악할 수 있는 자리였다. 뿐만 아니라 제후왕의 통치 영역 내에는 도성(都城)이 따로 존재하는 등 제후왕은 실질적인 군주였고, 유방과는 단지 형식상 황제와 신하라는 차이가 존재할 따름이었다. 이에 비해 유방 자신은 수도 장안 부근의 15개 군만 통치할 수 있었다. 시황제가 누렸던 황제 권력과는 현격한 차이가 있다. 전한 초기의 중국을 보면, 수도와 그 부근은 군현제(郡縣制)에 의해 황제가, 지방은 봉건제의 변형이라고 볼 수 있는 이등작제에 따라 제후왕이 통치하는 구조를 취하고 있었다. 이것이 바로 군국제(郡國制)다.

유방은 건국 후에 자신과 경쟁 관계에 있는 인물을 제후왕으로 임명하지 않을 수 없었다. 통일 후 시행한 7제후왕[159] 책봉은 한신 등의 세력을 제도로 인정한 결과였다. 그러나 황제와 제후왕의 공존이 언제까지나 지속될 리 없었다. 고조는 자신과 자신의 후계자의 권력을 위협할 가능성이 짙은 제후왕을 방치하지 않았다. 이제 유방은 제2, 제3의 항우 집단과 경쟁하는 상황에 직면하기에 이르렀다. 유방은 가장 강력한 상대부터 제거할 계획을 세우고 이를 실행에 옮겼다. 황제 권력이 그 휘하의 제후왕과의 전쟁에 돌입한 것이다. 그 결과 한신을 필두로 여섯 제후왕이 차례로 축출되었다. 일부는 모반죄 혐의로 처형되었으며, 일부는 흉노에 투항했다. 한신 등 공신 출신의 제후왕은 황제 권력 행사에 큰 위협이 되었으므로 몰락의 길을 걷기에 이르렀다. 황제와 제후왕의 대결은 결국 칼자루를 쥔 황제의 승리로 돌아갔다. 황제의 제후왕 제거가 성공한 것이다. 7제후왕 중에서 장사국(長沙國)의 오예(吳芮)만이 지위를 보전할 수 있었다.[160] 20여 년 후의 일이지만 가의는 바로 이 장사왕 오예의 지위를 세습한 후손과 인연을 맺게 된다.

유방은 제후왕 축출에 성공했으나 단숨에 모든 제후왕의 영지까지 통치할 수 없었다. 진의 시황제처럼 천하를 장악하기에는 여건이 성숙돼 있지 못했다. 유방은 제후왕 자리에 자신의 일족인 유씨(劉氏)들을 임명했다. 유씨 일족을 제후왕에 임명하면 한조(漢朝)의 장래와 후임 황제의 권력 유지에 도움이 되리라 생각했기 때문이다. 요컨대 진이 고립무원의 상태에서 실패한 사례를 거울 삼아, 황실의 일족인 유씨들이 다음 황제가 될 자신의 후계자들을 위해 번병(藩屏: 울타리)이 돼주리라 희망했던 것이다.[161]

공신 출신 제후왕을 제거한 유방이 시황제를 본떠 천하를 직접 통치하지 않은 것은 일단 건국 초기에 역량이 부족했던 탓이라고 생각할 수 있다.[162] 그래서 직접 통치의 전단계로서 공신 제후왕을 유씨 제후왕으로 바꾸는 조치를 단행한 것이다.[163] 이는 황제 권력을 확립하기 위한 한고조 유방의 본격적인 시도였다. 여기에서 한신과 같이 유씨가 아닌 공신 출신의 제후왕을 이성제후왕(異姓諸侯王), 유씨 출신 제후왕을 동성제후왕(同姓諸侯王)이라고 부른다. 이성제후왕을 동성제후왕으로 교체했음에도 불구하고 제후왕에 의해 황제 권력이 위협받는 상황은 사라지지 않았다. 유방이 권력의 속성을 제대로 이해하지 못한 탓이었다. 권력이란 부자 간에도 나누어 가질 수 없는 것이다.

진시황제는 전국 6국을 병합한 후 군현을 두어 직접 통치했다. 그러나 한고조는 이성제후왕을 제거한 다음에도 자신의 친인척을 제후왕으로 임명했다. 서주 시기의 봉건제와 마찬가지로 제후(왕)의 존재가 존속하게 되었다. 이성제후가 동성제후로 바뀐 것에 불과했다. 이런 제후왕들이 존재하는 한 정식 제국의 성립은 불가능했다. 유방은 건국 초기에 이성제후왕의 제거에는 성공했으나 동성제후왕 문제를 해결하지 못하고 기원전 195년에 세상을 떠나고 만다.

전한의 2대 황제 혜제(惠帝)는 고조의 적장자(嫡長子)였다. 그러나 혜제는 정치적 역량이 부족했다. 뿐만 아니라 그는 모후(母后) 여씨가 고조가 만년에 총애했던 척부인(戚夫人)을 잔인하게 살해하는 과정을 목격한 뒤 정치에 흥미를 잃었던 인물이다. 이에 여씨가 천하를 직접 통치하게 되었고, 여후(呂后)는 실질적인 황제 권력을 행사하기에 이르렀다. 정권은 여씨 가문으로 넘어가고 천하는 여씨의 소유물로 바뀌었다. 여후의 두 동생 여산(呂産)과 여록(呂祿)이 병권을 장악하는 등 여씨 일족이 권력과 요직을 독차지하는 상황이 전개되었다. 당연히 유씨, 즉 한고조의 자손 및 공신들의 불만과 반발이 뒤따랐다. 그러나 중국사의 3대 여걸[164]로 평가되는 여후의 뛰어난 정치력 때문에 그녀의 생존 시에 여씨 정권을 타도하기란 불가능한 일이었다. 기회를 엿보던 그들은 여후가 죽은 다음에야 쿠데타를 일으켜 성공한다. 유씨 정권을 도로 찾은 그들은 "유씨가 아니면 왕이 될 수 없고, 공훈이 없으면 제후가 될 수 없다. 약속을 지키지 않으면 천하가 함께 공격한다"[165]라는 맹세를 되새긴다. 이 여씨 정권 타도에 가장 큰 공훈을 세운 인물이 훗날 가의 축출에 앞장서게 되는 주발(周勃)이다.

쿠데타에 성공한 무리들은 현재 북경(北京) 부근인 대국(代國)의 제후왕 유항(劉恒)을 황제로 옹립했다. 그가 바로 전한의 문제인데, 유방의 아들로, 덕치(德治)의 전범(典範)으로 일컬어지는 인물이다. 여기까지가 제후왕 문제를 중심으로 살펴본, 가의가 정계에 입문하기 이전의 전한의 정치사에 해당한다. 가의는 문제에게 발탁되어 파란만장한 관계(官界) 생활을 보내게 된다.

(2) 짧은 조정 생활과 큰 활약

가의가 유소년 시절을 어떻게 보냈는지에 대해서는 알려져 있지 않다. 사서에 가의에 관한 기록은 18세의 일부터 나타나 있다. 《사기》에서는 전국 초나라의 불우한 애국 시인

굴원(屈原)과 합전(合傳: 몇 사람의 사적을 한데 모아놓은 전기) 한 〈굴원가생전(屈原賈生傳)〉에,《한서》에서는 〈가의전(賈誼傳)〉에 그의 전기가 실려 전한다.《사기》의 '가생' 부분과《한서》의 〈가의전〉을 대조해보면 본문 내용에서는 그다지 큰 차이가 없다.[166] 다만《사기》에는 가의의 저술 중에서 〈조굴원부(弔屈原賦)〉와 〈복조부(鵩鳥賦)〉가,《한서》에는 두 부(賦) 이외에 〈치안책〉과 〈청봉건자제소(請封建子弟疏)〉가 추가되어 있다. 이제부터《사기》와《한서》두 사료를 중심으로 그의 행적을 추적해보기로 하자.

낙양(洛陽) 출신 가의는 18세에 하남군(河南郡)[167]의 태수(太守) 오공(吳公)에게 발탁되어 관직 생활을 시작한다. 여후 5년(기원전 183)의 일이다. 오공이 가의를 발탁한 것은 그가《시(詩)》와《서(書)》를 암송할 수 있을 뿐만 아니라 문장에도 능해 군내에 명성이 알려져 있었기 때문이었다. 오공은 가의의 빼어난 재주를 듣고 그를 문하(門下)에 두어 매우 총애했다고 한다. 가의는 21세까지 오공 휘하에 있었다.

22세 되던 해인 문제 원년(기원전 179)에 가의는 잔뼈가 굵은 낙양을 떠나 수도 장안으로 올라가 박사(博士)가 되었다. 가의의 장안 생활이 시작된 것이다. 박사란 진에서 처음 설치한 관직으로 인원에는 증감이 있었는데 제자(諸子)의 학문에 능한 수십 명이 임명되었다.[168] 가의의 박사 임명도 오공 덕이었다. 문제가 즉위 초에 오공의 치적이 천하제일이라는 소문을 듣고 그를 발탁해 정위(廷尉)[169]로 삼았다고 한다.

오공에 관해서는 자세한 기록이 없어 어떤 인물인지 알기 어렵다. 《한서》〈백관공경표(百官公卿表)〉에 따르면, 오공은 이듬해까지 정위 직에 있었다고 한다. 또한 《한서》〈순리전(循吏傳)〉에는 오공이 근신하고 솔선수범하면서 염평(廉平)하고 엄혹하지 않은 정신으로 백성을 교화시켰다고 적혀 있다. 천하 제일의 치적이란 이를 두고 이른 말일 것이다.

이 오공은 이사(李斯)와 마찬가지로 초나라 상채(上蔡: 하남성 상채 서남) 출신으로, 일찍이 이사에게 수학한 경력이 있었다. 이사는 진시황제의 천하 통일에 크게 공을 세운 인물로 통일 후에 정위와 승상을 거치면서 군현제 실시, 분서, 소전(小篆: 대전을 간략히 해 만든 한자 서체의 하나) 창시에 의한 문자 정리, 도량형 통일, 진율(秦律) 제정 등 굵직굵직한 개혁 정책을 입안·주도했던 인물이다. 법가의 대가인 이사는 시황제의 통일 정책은 물론이거니와 이러한 개혁 정책 모두를 법가 노선에 따라 실천하였다. 오공이 이사로부터 배운 내용도 '법(法)'이었음은 확실하다. 이 점에서 오공의 정위 임명은 적절한 인사였다고 생각된다. 또한 가의도 오공 수하에서 법술을 배웠다고 추측할 수 있다. 가의는 유교 경전인 《시(詩)》와 《서(書)》에 능할 뿐만 아니라 법 지식도 갖추고 있었던 것이다. 가의처럼, 무제(武帝, 기원전 141~기원전 87 재위)의 유학 진흥 이전에는 유자(儒者)라도 다른 제자백가의 학문을 겸하는 경우가 많았다. 이를 잡유(雜儒)라고 부른다.[170] 가의의 사상을 검토할 때 유가뿐만 아니라 선진 제자의 영향을 받았음을 발견하게 되는 것도 이 때문이다.[171]

정위의 자리에 오른 오공이 가의가 연소하지만 제가의 글에 능하다고 추천하자, 문제는 가의를 박사로 임명했다. 박사 중에서 최연소자였다. 박사가 된 가의는 전한 조정에서도 단연 천재성을 발휘하며 두각을 나타냈다. 조령에 대해 논의할 적마다 나이 든 여러 선생들이 아무 말도 못하고 있을 때 가의는 모두 응대할 수 있었으며, 다른 사람들이 나타내고자 하는 마음속 생각까지도 이야기할 수 있었다. 여러 선생들은 가의의 능력을 인정했고, 문제도 기뻐하며 가의를 특진시켜 1년도 안 되는 사이에 태중대부(太中大夫) 직에 오르게 했다. 태중대부란 조령이 내려올 때 고문·응대하는 관직이다. 그 성격상 황제와 친근한 관계에 있는 직책으로 총신·귀척(貴戚)·공신으로 충원되는 경우가 많았다. 조령의 검토를 둘러싸고 가의가 보여준 능력이 그로 하여금 태중대부와 같은 기밀(機密) 직으로 나아가게 한 것이다. 가의의 앞날은 순탄한 듯했다. 가의의 나이 22세, 전한 문제 원년(기원전 179)의 일이었다.

이해에 가의는 황제에게 〈논정제도흥예악소(論定制度興禮樂疏)〉를 올린다. 제도를 다시 제정하고 예악을 진흥시키자는 상소였다. 중앙 정계에서 가의의 활약이 처음 가시적으로 나타난 것이다. 이 글에서 가의는 예의와 염치가 사라져버린 당시의 현상을 개탄하고, 제도를 정하고 예악을 다시 일으켜야 한다고 건의했다. 그리고 이렇게 하면 제후들은 법도를 지키고, 백성은 소박해지며, 옥송(獄訟)은 줄어들어 천하에 안정이 찾아들 것이라고 주장했다. 또한 가의는 이해에 〈거부(鵩賦)〉를 지었는데, 이는 현재 남아 있는 가장 오래된 가의의 문학 작품에 해당한다.[172]

문제 2년(기원전 178), 가의는 〈논적저소(論積貯疏)〉를 올려 현실 정치에 대한 견해를 적극적으로 나타냈다. '적저(積貯)'란 저축(貯蓄)을 뜻한다. 가의는 여기에서 농업 생산을 중시하고 식량을 비축해야 한다는 의견을 펼쳤다. 초한(楚漢)전쟁과 여씨의 난을 겪은 문제 시기의 한나라에는 휴식이 필요했다. 그런데 당시에는 농업을 팽개치고 상공업을 경영하는 경우가 적지 않아 농업 생산력이 늘어나지 않았다. 가의는 문제에게 농업을 발전시키고 식량을 저장하자고 건의했으며, 농업을 방기하고 상업에 힘쓰는 것을 반대했다. 그는 농업을 중시하고 많은 양식을 저축하는 것이 나라의 근본이라고 생각한 것이다. 또한 그는 재화(災禍)와 흉노와의 전쟁에 대비하자는 시각에서 양식 저장의 중요성을 논술한 것으로 보인다. 이와 같은 견해는 새 왕조의 경제력 구축에 적극적인 의미를 지닌, 그의 날카로운 안목을 표현한 것이라고 할 수 있다. 그가 〈과진론〉을 지어 올린 것도 이해였다. 같은 해에 가산(賈山)이 〈지언(至言)〉을 발의한다. 가산은 가의와 거의 같은 시기에 활약했는데 가의와 비교되는 인물이다. 〈지언〉도 진의 멸망을 빌려 치란의 도를 논한 글이다.[173]

문제 3년(기원전 177)은 가의의 생애에서 전환점이 되는 시기였다. 먼저, 조정에서는 가의의 눈부신 활약이 거듭 전개되었다. 《사기》 〈굴원가생전〉과 《한서》 〈가의전〉에 따르면 "한나라가 일어난 지 20여 년, 천하가 화흡(和洽)하니 진실로 정삭(正朔)[174]을 고치고, 복색을 바꾸고, 제도를 모범으로 삼고, 관명을 정하고, 예악을 일으킨 연후에야 제후들이 법을 지키고 백성들은 소박해지고 옥송은 줄어들 것이라고 생각했다". 이에 가의는 의례와 법률의 표준에 대해 총체적인 수정안을 제시했다. 색은 노란색을 숭상하고 숫자는 5를 사용하며[175] 관직을 새로 제정하자는 것이었다. 정삭 개정은 책력(冊曆)의 원리를 새로 정한다는 데 의의가 있었다. 새 달력을 만들어 새로운 정치 체제로 개편하자는 의미였다. 새로운 숫자 채택도 마찬가지다. 그것은 단순한 숫자 교체가 아니라 새로운 국가 성립을 의미했다. 이는 〈논정제도흥예악소〉의 확대판으로 전한 조정에 남아 있는 진나라의 법과 제도를 완전히 고치고자 한 것인데, 지향하고자 한 바는 새삼 거론할 필요가 없을 것이다.

가의의 이와 같은 상소문 안에는 그의 초기 사상의 배경과 핵심 내용이 들어 있다. 전한이 건국되기는 했으나 그때까지는 제대로 된 황제 국가를 형성하지 못하고 있었다. 국내 정치에서는 제후왕 문제가 아직도 미해결 상태인 가운데 건국 초창기에 정권의 요직을 차지했던 공신들이 하나둘 세상을 떠나기 시작했다. 공신의 후손들은 그 지위를 세습한 채 여전히 지배 세력으로 군림하고 있었다. 공신들은 사회적으로는 임협(任俠), 경제적으로는 소농민 출신으로, 학문적 기반을 갖추지 못한 사람이 대부분이었다. 이들에게는 진정한 황제 국가의 관리자가 될 자질이 결여되어 있었다. 뿐만 아니라 진대의 혹정과 초한 전쟁을 겪은 향촌 사회에서는 떨어진 농업 생산력을 회복시키는 일이 절실하게 요청되었다. 가의는 이처럼 당대의 모든 현안을 해결하기 위한 방책을 제시했다. 이는 진대와 다른 한나라 특유의 제국 질서를 확립하기 위한 시도였다. 가의는 그 선두에서 활약했던 것이다.

그러나 전한 조정에는 가의의 상소를 수용할 분위기가 제대로 조성되어 있지 않았다. 무엇보다도 가의를 그토록 신임해온 문제가 가의의 의견을 채택하지 않았다. 문제는 즉위 초기에 경황이 없는 상황이니 아직 때가 아니라고 완곡하게 거절했다. 그렇지만 실상은 가의가 올린 〈논정제도흥예악소〉와 〈과진론〉을 문제가 받아들인 것으로 이해할 수 있다. 그 후 문제가 단행한 오래된 여러 율령의 개정과 열후들의 봉지(封地) 경영은 가의가 발의한 상소의 내용에서 벗어나지 않는 것이었기 때문이다. 문제가 진의 실패를 거울삼아 선정과 덕치를 베풀어야 한다는 〈과진론〉의 주장을 새기지 않았을 리 없다.

얼마 후 문제는 가의를 공경(公卿)[176]의 지위에 임명하는 일을 논의하라고 조정 대신들에게 명했다. 가의의 관운(官運)이 한층 뻗쳐서 그에게 능력이 발휘될 기회가 주어질지도 모를 순간이었다.

그러나 가의에게 더 이상의 행운은 찾아들지 않았다. 일찍부터 가의의 재능에 불안감을 느끼며 기회를 엿보던 세력들이 가의에게 위해를 가하려 했다. 강후(絳侯) 주발(周勃, ?~기원전 169), 영음후(潁陰侯) 관영(灌嬰, ?~기원전 176), 동양후(東陽侯) 장상여(張相如, ?~기원전 165)와 풍경(馮敬) 등은

낙양 출신 사람은 나이가 적고 학문이 미숙한데도 오로지 권력을 마음대로 하려 하면서 모든 일을 어지럽히고 있습니다.[177]

라고 주장했다. 황제도 이들의 힘을 무시할 수 없어 점차 가의를 멀리하고 그의 견해를 수용하지 않았으며, 마침내 그를 중앙 정부에서 내쫓지 않을 수 없었다. 이는 가의가 권력에서 멀어지고, 든든한 후원자 역할을 해온 문제와 결별하게 되었음을 의미한다. 가의의 비상한 재능이 펼쳐질 기회가 사라지게 된 것이다.

강후 주발, 영음후 관영, 동양후 장상여 세 사람은 일찍이

진나라 말에 유방을 따라 기병하여 멸진(滅秦) 전쟁, 초한 전쟁과 제후왕 제거 전투, 여씨의 난 진압 등에서 여러 차례 전공을 세운 숙장(宿將) 출신이었다. 그 공로로 이들은 이등작제하에서 제후왕 다음가는 열후에 봉해졌고, 전한 조정의 공신으로서 탄탄한 지위를 구축하고 있었다. 또한 주발은 고조로부터 "유씨의 천하를 안정시킬 자는 반드시 주발일 것이다"[178]라는 평을 들은 인물로 여후 사후에 여씨 천하를 종식시킨 일등 공신이었다. 여씨의 난을 진압한 주발이 관영 등과 논의해 대국(代國: 지금의 북경 부근)의 제후왕이었던 유항을 옹립하고 후계 황제로 삼았으니, 이 사람이 바로 문제였다. 문제가 비록 가의의 뛰어난 재주를 사랑해 그의 견해를 정책으로 채택할 정도였다 해도, 자신을 황제로 만들어주었을 뿐만 아니라 조정에서 막강한 힘을 가지고 있던 공신의 의견을 무시할 수 없었으리라.[179]

주발 등은 한마디로 이야기하면 유방 이래의 대신으로 당시까지 전한의 정치계를 주도해온 세력이었다. 본래 임협지사였던 이들은 유방을 좇아 전쟁터를 누벼온 장수로서 공신에 임명되었다. 풍경[180]을 제외하면 이들은 출신이 미미한 존재[181]로, 학문적 소양이라고는 전혀 지니고 있지 않았다. 이러한 인물들이 건국 이래 문제가 다스리던 당시까지 정계의 주도 세력이자 전한의 지배 계층이었다.

유방과 유방 집단 자체가 대부분 한미(寒微)한 가문 출신인데다가 유교적 소양과는 거리가 먼 인사들로 구성되어 있었음은 주지의 사실이다. 이들은 전한 건국과 함께 지배 세력으로 자리 잡았던 것이다. 요컨대 전한 초기의 핵심 권력자들은 사회적으로는 임협, 정치적으로는 공신, 제도적으로는 열후에 속했다. 주발과 관영도 여기서 벗어나지 않았다. 이들은 개국 후에 자연스럽게 관료가 되어 지배 세력으로서 역할을 수행하기 시작했다. 이들에 비하면 가의는 이질적 존재였다. 가의의 사회적 신분에 대해서는 사료에 나타나 있지 않다. 그러나 그의 학문적 소양과 재능은 앞에서 살펴본 대로다. 공신들이 득실거리고 있는 정계에 신진 기예의 등장은 그 자체로 험난한 앞길이 예고된 것이었다.

가의와 같은 신진 인사를 문학지사(文學之士)라 한다. 이때의 문학이란 'literature'가 아니라 '학문(學問, science)'을 뜻한다.[182] 문학지사는 학문적 배경을 갖지 않은 임협 출신의 공신들과 뚜렷이 구분되며, 출신 성분보다 개인적 역량을 갖춘 인물을 가리키는 용어라고 할 수 있다.[183] 가의는 이 문학지사의 선구였던 것이다.

일반적으로 한 제국의 완성이라 불리는 무제 시대에 지배 세력의 교체가 이루어졌다. 건국 이래 임협 출신이 독차지했던 요직은 문제와 문제의 후계자인 경제(景帝, 기원전 157~기원전 141 재위) 시기에 문학지사가 대거 발탁되면서 출신 성분상의 변화를 겪는다. 이와 동시에 한 제국은 새로운 질서 구축을 지향한다. 이런 점에서 문제와 경제 시대는 과도기였고, 가의는 그 선구적 역할을 수행했다고 볼 수 있다.

가의가 활약할 당시의 한 조정에 그와 같은 부류의 신진 인사가 없는 것은 아니었으나 그들은 권력의 핵심과는 거리를 두고 있었다. 공신 집단과 구분되는 의미에서 가의와 하나로 묶을 수 있는 인물을 굳이 찾는다면 가산(賈山)과 조조(晁錯) 정도가 될 것이다. 가산의 〈지언〉은 가의의 〈과진론〉과, 가신의 〈대힐간제도주전령(對詰諫除盜鑄錢令)〉은 가의의 〈간제도주전령사민방주(諫除盜鑄錢令使民放鑄)〉와 각기 동일한 사안을 다룬 것이다. 가의와 같은 해에 태어난 조조는 가의의 계보를 잇는 인물이라고 볼 수 있다. 그는 '지낭(智囊: 꾀주머니)'이라는 별호를 얻을 정도로 많은 활약을 펼쳤다. 그러나 가산은 그 사적이 자세하지 않고, 위의 두 상소문을 올린 것이 전부라고 볼 수 있다. 그리고 조조는 문제 시기에 후임 황제인 경제가 태자였을 때 태자부(太子府)에서 이미 재능을 발휘했지만 사실상 경제 치세에 활약한 인물이라고 해야 할 것이다. 이들이 공동의 목적을 갖고 함께 행동했다는 기록도 찾을 수 없다. 따라서 공신 집단에 대항할 만한 집단적 세력은 아예 존재하지 않았다고 보아야 한다.[184]

뿐만 아니라 오공의 추천에 의해 특채되었다는 사실이 바로 가의에게는 불행이었다. 아니, 그 당시에는 신진 인사를 발탁하는 제도가 확립되어 있지 않았다.[185] 뛰어난 학문과 재능을 지닌 가의였으나 후원자 문제가 등을 돌렸으며, 가의와 같은 신진 문학지사들의 세력이 형성되어 있지 않은 조정에서 그가 이상을 펼칠 기회는 찾아오지 않았다. 더욱이 문제는 주발 등의 상소 이후 가의를 점차 멀리했고 그의 의견을 채택하지도 않았다. 마침내 문제가 가의를 장사왕(長沙王)의 태부(太傅)로 임명하니, 그는 중앙 조정을 떠나야만 했다.

지금까지는 문제가 주발 등 권신의 압력에 의해 가의를 장사국으로 축출한 것으로 이해돼왔다. 사서에는 주발 등이 가의를 '해(害)'하려 했다고 기록되어 있다. 그 구체적 내용이 무엇인지 알기 힘들지만, '해'의 자의(字意)에 살상(殺傷)의 의미도 포함되어 있으므로 생각보다 심각했던 것으로 추측된다. 그렇다면 혹 문제는 주발 등의 위협으로부터 가의의 신변을 보호하기 위해 그를 지방으로 내보내는 좌천성(左遷性) 인사를 단행하지는 않았을까.

(3) 장사국·양국의 태부 시절과 죽음

장사왕이 통치하는 장사국은 양자강 중류, 지금의 호남성(湖南省)과 호북성(湖北省) 남부 및 광동성(廣東省)과 광서성(廣西省) 일부를 포함하는 광대한 지역의 왕국이었다. 같은 이름의 대도시가 아직도 호남성에 존재하는데, 여기가 서한 시기에 임상(臨湘)이라고 불린 장사국의 도성이 있던 곳이다. 문화대혁명(文化大革命, 1965~1976)이 한창 진행 중이던

1970년대 초에 2,200여 년의 세월을 뛰어넘어 금방이라도 잠에서 깨어 살아 움직일 것 같은 남녀 유체(遺體)가 출토된 마왕퇴(馬王堆) 고분[186]의 소재지도 바로 이 장사국의 강역이 었다. 유체의 주인공은 장사국에 딸린 후국(侯國) 대(軑)의 초대 대후(軑侯) 이창(利蒼)과 그의 부인으로, 가의보다 조금 이전인 여후 시대에 활약한 인물들이다.

당시의 양자강 중류 유역은 오늘날처럼 기후가 따뜻해 생활하기에 편리한 남쪽 지방이 아니었다. 양자강을 사이에 두고 동정호(洞庭湖)를 비롯한 크고 작은 호수가 남쪽에, 운몽택(雲夢澤)이라 불리는 거대한 늪지대가 북쪽에 자리하고 있는, 아직 개발의 손길이 미치지 않은 미개지였다.[187] 대낮에 인가 부근까지 호랑이가 자주 출현했으므로 그 대응책을 마련하는 것이 심각한 문제가 되곤 했다. 장사국은 저습(低濕)한 곳이었으며, 따라서 가의가 자신의 남은 목숨이 길지 않으리라 생각한 것도 무리는 아니었다.[188]

당시의 장사왕은 오차(吳差)였다. 오차는 마지막 이성제후왕이었다. 고조가 이성제후왕을 제거할 때 유일하게 살아남은 오예의 4대손이었다. 살아남은 것이 아니라 황제가 살려둔 것이라고 해도 좋다. 그대로 두어도 그다지 큰 위협이 되지 않는 인물이라고 생각했던 것인지도 모른다. 황제는 장사국을, 장안에서 현격하게 멀리 떨어져 있어서 아직도 개발되지 않은, 요컨대 무시해도 좋은 왕국이라고 생각한 듯하다.

장사국은 가의의 표현대로 "호구 수가 2만 5,000에 불과해 모반을 도모하려 해도 힘이 부치는",[189] 세력이 미미한 왕국이었다. 장사국은 얼마 후인 문제 후원(後元) 7년(기원전 157), 문제가 세상을 버린 그해에 후사가 끊겨 폐지된다. 장사국은 문제의 뒤를 이어 경제가 즉위하던 해(기원전 156)에 부활되었으며, 이듬해에 경제는 아들 유발(劉發)[190]을 장사국의 왕으로 임명했다. 장사국도 동성제후왕이 통치하게 된 것이다.

장사왕의 태부에 임명된 가의는 장안 생활을 정리하고 장사를 향해 길을 떠났다. 당시에 장안에서 장사로 갈 경우, 남동 방향을 택해 우선 남전(藍田)을 거치고 무관(武關)을 지나 남양(南陽)에 도착해야 했다. 이 길은 함곡관을 지나 동진해서 낙양과 하내(河內)로 가는 길과 함께 전국 시기 이래 관중(關中)에서 중원(中原)으로 나가는 대표적인 통로였다. 지나온 길보다 가야 할 길이 아직 더 많이 남아 있었다. 남양에 도착한 다음에는 남으로 방향을 잡아 양양(襄陽)에 이르고, 다시 강릉(江陵)을 경유해서 익양(益陽)을 지나 장사로 가는 것이 일반적이었다.[191] 이 길의 역노선(逆路線)이 전국 시기에 초나라의 군대가 북상할 때 이용한 통로였다. 가의도 이 노선을 택한 것으로 추측된다.

장안을 떠난 가의는 임지인 장사국을 얼마 남겨놓지 않은 지점에서 상수(湘水)를 건너게 되었다. 상수 강변에 다다른 가의는 유명한 〈조굴원부〉를 지어 굴원의 넋을 위로한다. 굴원은 전국 말기의 초나라 귀족 출신으로, 참소(讒訴)를 입어 조정에서 쫓겨난 뒤 〈이소경(離騷經)〉을 짓고 상수[192]에 몸을 던져 세상을 버린 애국 시인이었다. 가의는 그 옛날의 굴원과 자신의 비슷한 처지를 떠올리고, 〈조굴원부〉에 가탁(假託)하여 자신을 내쫓은 자들에 대한 증오심과, 이상이 사라지고 야망이 좌절된 울분을 토로했던 것이다.《사기》를 저술한 사마천(司馬遷)은 가의의 전기를 굴원의 전기와 합전해놓았다. 반대 세력의 참소로 포부를 펼치지 못한 채 젊은 나이에 세상과 등진 두 천재 사이에 유사한 점이 많다고 생각했던 것이리라.

장사국에서의 가의의 행적은 많이 남아 있지 않다. 짐작하건대 그는 장사왕의 자문에 응대하는 태부로서의 공적 업무에 충실했을 것이다. 한가한 날에는 상수에 연(沿)한 처소[193]에서, 북으로 흘러 동정호와 양자강으로 들어가는 물길을 벗삼아 시름을 달래려고 상수에 배를 띄우기도 했으리라.

해가 바뀌어 문제 4년(기원전 176)에 그는 〈석서(惜誓)〉를 지었으며, 이듬해에는 〈간주전소(諫鑄錢疏)〉를 올렸다. 〈석서〉는 그 주제로 볼 때 〈조굴원부〉와 마찬가지로 굴원에 대한 추념문(追念文)이다. 그러나 민간의 동전 주조를 양성화해 자율에 맡기라는 문제의 〈제도주령(除盜鑄令)〉을 반박하고 결연한 어조로 그 폐지를 주장한 〈간주전소〉를 올린 것을 보면, 개혁에 대한 가의의 열의가 여전히 식지 않았음과 동시에 문제를 향한 가의의 마음도 어렵지 않게 짐작할 수 있다.

장사왕의 태부가 된 지 3년째 되던 해, 수리부엉이(鵩)[194]가 가의의 처소로 날아들어 한 모퉁이에 앉았다. 장사 지방에서는 수리부엉이가 인가에 날아들면 집주인이 죽는다는 믿음이 퍼져 있어, 상서롭지 못한 것으로 여겨지는 새였다. 가의는 다시 한번, 장사는 저습한 곳인데다가 자신은 귀양 온 처지이므로 목숨이 얼마 남지 않았다 여기고 부를 지어 스스로를 위로했다.[195] 이것이 바로 〈복조부〉다. 작부(作賦)의 배경 탓인지 구절마다 노장 사상이 짙게 배어 있다.

그 후 1년이 지나 문제 7년(기원전 173)에 황제는 장사에 귀양 가 있는 가의를 황실로 소환했다. 실로 가의는 장안을 떠난 지 4년 만에, 미앙전전(未央前殿)의 정실(正室)로 황제의 집무실에 해당하는 선실(宣室)에서 문제를 알현하게 되었다. 문제는 특히 귀신에 대해 생각해온 바가 있어, 군신끼리 지켜야 할 거리도 무시하고 가의에게 귀신에 관해 많은 것을 물었다. 가의는 귀신의 이치에 대한 문제의 물음에 막힘없이 대답했고, 이에 문제는 여전한 그의 박학다식함에 찬탄을 금치 못했다. 그 후 문제는 가의를 양회왕(梁懷王)의 태부로 임명한다.

그런데 왜 문제는 가의에게 귀신에 대해 물었을까. '제후왕'과 같은 국내 정치 문제, '흉노'로 대표되는 대외 문제, 그리고 경제와 사회에 관한 현실적 과제를 놓고 가의는 많은 탁견을 제시한 바 있다. 그럼에도 문제는 4년 만에 마주한 이 청년 재사와 군이 비현실적인 주제로 밤을 새워야 했을까. 이를 두고 만당(晚唐, 840~907)의 대표적 시인 이상은(李商隱, 812~858)은

> 현사(賢士)를 구한답시고, 내쫓은 신하를 선실로 다시 불렀더니
> 가의의 재능은 비할 데가 없었도다.
> 가련하여라. 한밤중에 부질없이 다가앉아
> 민생(民生)을 묻지 않고 귀신을 물었구나.[196]

라고 탄식하기도 했다. 문제가 가의를 소환한 문제 7년은 가의를 해치려고 했던 사람 중 하나인 풍경이 어사대부(御史大夫)[197]로 승진한 해였다. 아직도 주발 등과 같은 공신 집단이 건재해 있는 이상 가의를 소환한 장소에서 현실 정치에 관해 논의하기란 어려웠을 것이다. 이 사실은 문제가 가의를 조정에 복귀시킬 수 없었던 사정을 반영해준다. 아니 가의를 소환할 때부터 문제에게는 정치·사회적 현안에 대해 자문할 생각이 없었는지도 모른다. 아마도 문제는 '귀신'을 핑계로 그 옛날 친근했고 신임했던 가의를 만나보려 한 것이 아니었을까. 또한 이 만남을 구실로 뒤에서 보듯 가의의 임지를 보다 나은 곳으로 옮겨주려 한 것은 아니었을까.

양회왕은 이름이 유읍(劉揖)[198]으로 문제의 막내아들이었

다. 문제는 그를 매우 사랑했는데, 그가 독서를 좋아함을 알고 가의를 스승으로 삼게 했다. 양국(梁國)이 자리 잡고 있던 지역은 《맹자(孟子)》의 첫머리 〈양혜왕(梁惠王)〉 편에 등장하는 곳이다. 전국 위(魏)나라의 혜왕(惠王)은 당시까지 도읍이었던 안읍(安邑: 산서성 하현)을 버리고, 중흥을 목표로 황하 중·하류 지역에 새로이 도읍지를 정했던 것이다.[199] 이곳은 후일 북송(北宋, 960~1127)의 수도가 되는 변주(汴州)로 오늘날의 하남성(河南省) 개봉(開封)에 해당한다. 황제가 머무는 장안과는 여전히 멀리 떨어진 곳이었으나 저습하고 개발되지 않은 장사국에 비해 월등한 선진 지역이었다. 가의의 근무 환경이 나아진 것이다.

가의가 출생하던 해에 백등산에서 유방에게 참담한 패배를 안겨주었던 흉노는 여전히 강성함을 자랑하면서 국경을 침범하곤 했다. 전한은 아직도 건국 초기였으므로 흉노를 격퇴할 만한 국방력을 갖추지 못하고 있었다. 뿐만 아니라 통치 제도도 미비하여 이성제후왕이 동성제후왕으로 바뀌었어도 황제 권력은 여전히 확립되지 않은 상태였다. 제후왕이 참의(僭擬: 분수에 넘치게 윗사람과 견줌)하는 사례가 빈발해 회남왕(淮南王)과 제북왕(濟北王)은 이미 역모 혐의로 주살(誅殺) 당할 정도였다. 이에 가의는 여러 번에 걸쳐 정치 개혁에 대한 상소를 올린다. 제후왕은 황제와의 친소(親疏)와 관계없이 강한 자가 먼저 반란을 일으키므로, 천하를 다스려 안정시키려면 '제후왕을 여러 명 임명해서 그 세력을 약화시키는 것이 제일이다'라는 요지의 상소였다. 이른바 '중건제후(衆建諸侯)' 정책으로 동성제후왕 세력을 약화시키려는 조치였다. 천하에 산재한 문제 중에서 우려할 만한 것이 매우 많은데 그가 가장 시급하다고 판단한 것이 제후왕 정책이었던 것이다. 이 상소가 바로 〈과진론〉과 더불어 가의의 정치 사상을 잘 나타내고 있는 〈치안책〉[200]이다.

　문제 8년(기원전 172), 황제가 회남 여왕(厲王)의 네 아들을 열후에 봉했다. 그러자 가의는 이 조치로 인해 나라에 우환이 생길 것이라고 간언했다. 가의는 여러 차례 상소했다. 제후왕들이 몇 개의 군(郡)을 병합하고 있는데, 이는 옛날의 제도와 어긋나므로 그들의 봉지를 삭감해야 마땅하다는 주장을 폈다. 이 상소는 〈간립회남제자소(諫立淮南諸子疏)〉라고 불리는 것인데, 문제는 이를 받아들이지 않았다. 또한 이해에 가의가 〈상도수소(上都輸疏)〉를 올렸으리라 추측된다. '도수(都輸)'란 도읍지인 장안으로 물자를 수송한다는 의미다. 〈상도수소〉는 회남에서 장안으로 조세에 해당하는 곡물과 특산물을 수송하려면 도중에 여러 제후국을 거쳐야 하며, 노정(路程)이 매우 멀고, 운반 비용도 크게 소요되고, 수송 과정도 번잡하므로 이를 개선하자는 내용을 담고 있다. 이는 조운(漕運)과 조세 제도의 개혁안이라고 하겠다. 이처럼 가의의 관심이 미치지 않은 분야가 없었다.

가의는 30세에서 32세까지, 즉 문제 9년(기원전 171)부터 11년(기원전 169)까지 양회왕의 태부로 있었다. 이 기간 동안의 그의 사적은 자세하지 않다. 다만 문제 9년에 〈한운부(旱雲賦)〉를 지었고, 11년에는 〈청봉건자제소(請封建子弟疏)〉를 올린 것으로 되어 있다. 문제 9년에 큰 가뭄이 이어지자 기우(祈雨)의 의지를 담아 지은 운문이 〈한운부〉다. 〈청봉건자제소〉는 동성제후왕의 세력이 날로 강성해져가는 현실을 보고, 양회왕의 후계자를 확정하고 문제의 친자이자 양회왕의 친형제인 2인의 제후왕의 세력을 증대시켜 황실의 울타리로 삼음으로써 나머지 동성제후왕을 견제하자는 내용의 상소문이다. 전한 초기 정치사에서 빠뜨릴 수 없는 제후왕 처리에 관한 또 하나의 상소였다. 문제는 이 건의를 일부 수용했다.[201]

　문제 12년(기원전 168)은 가의가 33세로 세상을 떠난 해다. 이보다 1년 남짓 앞서 양회왕이 낙마(落馬) 후 사망했다. 양회왕이 후사를 남기지 않아 양국(梁國)은 폐지되고 황실의 든든한 울타리 하나가 사라질 위험에 처했고, 그러자 가의가 〈청봉건자제소〉를 올려 그에 관한 대응책을 촉구했음은 위에서 말한 대로다. 그는 태부로서 자신의 책임을 다하지 못했음을 통감하고 1년여 동안 곡읍(哭泣)하기를 그치지 않다가 애도 끝에 세상과 이별했다.

　가의의 죽음은 양회왕 보필의 책임을 다하지 못한 것에 대해 상심한 끝에 세상을 떠난 것으로 이해되고 있다. 그러나 가의의 죽음에는 표면상의 원인뿐만 아니라 좀 더 심원한 원인이 숨겨져 있다. 장사국에서 양국으로 옮겨 가의의 근무 환경이 훨씬 개선되고 양회왕과도 친근한 관계가 유지되었으나 황제의 신임을 받던 시절과 비교할 수는 없었다. 그를 축출하는 데 앞장섰던 주발과 관영은 이미 이 세상 사람이 아니었으나 전한 조정은 여전히 그 같은 성향의 무리들로 채워져 있었다. 풍경은 3공의 하나인 어사대부가 되어 권세를 자랑하고 있었으며, 동양후 장상여도 건재를 과시하고 있었다. 가의와 같은 신진 문학지사가 제자리를 잡으려면 적지 않은 세월을 기다려야 했으며, 조정에 복귀하더라도 기득권 세력의 견제로 재능을 발휘할 수 없으리라는 것은 불문가지의 사실이었다. 또한 장사국에서 지내는 동안 그 자신의 추측대로 건강이 악화되었을지도 모른다. 가의는 문제가 지극히 사랑했던 양회왕과의 관계를 발판으로 후일을 기약하며 중앙 조정으로의 복귀를 꿈꿨을 것이라고 생각된다. 문제와 선실에서 다시 만났던 그때를 되새기고 있던 가의가 양회왕이 불귀(不歸)의 손님이 되자 크게 낙담하여 그 뒤를 따랐다고 한다면 혼자만의 지나친 억측일까.

가의는 자신의 시대를 앞서 살아간 사람이었다. 그는 공신 집단이 지배하던 전한 초기에 뛰어난 학문적 능력으로 구시대의 유산을 떨쳐버리고 새 시대를 선도하는 일에 헌신하고

자 노력했다. 그러나 이러한 과업 달성은 일개인의 힘으로는 한계가 있었다. 하루아침에 옛것을 모두 버리고 새것을 도모하는 것은 어렵다. 가의는 주발·관영의 무리와 어느 정도 교분을 쌓아가면서 후일을 기약하는 점진적인 방도도 취하지 않았다. 계책이 한번 채택되지 않았다고 해서 끝끝내 다시 쓰이지 않는 것은 아닐 텐데 말이다. 묵묵히 참고 견디면서 상황의 변화를 기다릴 줄 몰랐던 것일까.[202]

가의가 세상을 떠난 후 경제 시대에 문학지사를 선발하는 제도적 장치가 도입되었고, 이를 통해 정계에 진출한 인재들에 의해 전한의 새로운 질서가 구축되어갔으며, 지배 세력과 관료의 성분도 크게 변했다. 가의의 역할을 무제 시기에 완성된 한 제국 질서 수립의 전위(前衛)로 본 평가는 매우 합당하다고 생각된다.[203] 바꿔 말하면, 그가 주장한 방책과 상소에 나타나 있는 여러 사상은 그의 사후에 열매를 맺고 봉오리를 터뜨려 한나라의 기본 정책에 반영되고 지속되었던 것이다.

2. 〈과진론〉과 〈치안책〉에 나타난 가의의 사상

가의의 사상은 크게 정치·외교·경제 사상 등과 문학 사상으로 나눌 수 있다. 이 중 전자는《가의신서》에 수록되어 전한다. 따라서 이들 분야에 대한 그의 사상의 전체 모습을 파악하려면 〈과진론〉과 〈치안책〉을 중심으로 한 《가의신서》의 검토와 분석이 필수적이다. 그리고 후자, 즉 가의의 문학 사상과 관련해서는 부(賦)를 비롯하여 가의가 남긴 문학 작품의 고찰이 요구된다.[204] 이와 같은 가의의 사상을 모두 이해하는 것은 의의 깊은 작업이기는 하지만 용이한 일이 아니다. 《가의신서》와 그가 남긴 부 모두를 연구하자면 방대한 노력과 시간이 요구되기 때문이다. 그의 주요 정론(政論)과 사회와 대외 문제에 관한 주장은 〈과진론〉과 〈치안책〉에 집중적으로 반영되어 있다. 따라서 여기서는 여러 방면에 걸친 가의의 사상을 〈과진론〉과 〈치안책〉을 중심으로 살펴보고자 한다.[205]

(1) 〈과진론〉―진의 혹정을 통치자의 거울로 제공

가의가 문제에게 〈과진론〉을 올린 때는 전한의 문제 2년, 기원전 178년이었다. 정위로 승진한 오공의 천거에 의해 가의가 박사가 된 이듬해이기도 했다. 앞에서도 살폈듯 문제 원년에 박사가 된 가의는 문제에게 〈논정제도흥예악소〉를 제출했다. 〈과진론〉은 〈논정제도흥예악소〉, 〈논적저소〉와 함께 가의가 황제에게 올린 글 가운데 시기상으로 가장 앞선 글에 속한다. 이 중 제도와 예악, 복식, 정삭 등을 새로이 제정해 진나라의 유산을 떨쳐버리고 한의 정통을 세우자는

〈논정제도흥예악소〉는 여씨의 집권을 종식시킨 다음 즉위한 문제가 개혁 정책을 추진하는 데 도론(導論)으로 삼을 만한 상소였다.

〈과진론〉은, 가의의 글을 집대성해 10권 60편[206]의 만만찮은 분량으로 구성된 《가의신서》의 첫머리를 장식하는 문장이다. 가의 사상을 연구할 때 반드시 검토해야 할 글이기도 하다. 이를 통해 가의 사상의 요체(要諦)를 우선 접할 수 있기 때문이다. 〈과진론〉은 가의의 생애에서 시기적으로 가장 앞선 글로, 가의 연구의 입문 역할을 하는 문장이라고 할 수 있다. 이 점에서 〈과진론〉은 〈논정제도흥예악소〉와 대비된다. 후자가 현실 정치의 청사진을 제시한 글이라면 〈과진론〉은 진나라의 실정(失政)을 거울삼아 한나라 고유의 통치 이데올로기를 확립할 것을 요구한 글이라고 할 수 있다. 이렇게 볼 때 〈과진론〉은 가의 사상에서 총론(總論)의 자리를 차지하는 글이다.

한은 진의 가혹한 통치와 초한 전쟁을 거쳐 건국되었으나 이성제후왕과 흉노 그리고 이어진 여씨 천하로 인해 새 왕조의 기틀을 세울 여유가 없었다. 뿐만 아니라 학문적 소양을 갖추지 못한 임협 출신이 공신으로서 지배 세력을 형성하고 있었으므로 새로운 제국 질서의 수립을 위한 정책을 기대하기는 어려웠다.

이러한 때에 등장한 가의라는 약관의 재사(才士)가 차례로

던진 상소를 통해 지향한 목표는 전한 왕조의 제도 속에 내재되어 있는 진나라의 색깔을 지워버리고 신질서를 수립하는 것이었다. 따라서 가의의 〈과진론〉은 진나라를 총체적으로 부정하고 있다.

〈과진론〉은 전국 진나라 효공의 이야기로 시작된다. 효공 치세에 진의 중흥이 이루어졌다 해도 과언이 아니기 때문이다. 중흥의 계기는 효공이 등용한 상앙에 의해 단행된 개혁이었다. 상앙은, 효공이 나라를 중흥시킬 인재를 구한다는 소문을 듣고 진으로 찾아든 인물 중 한 사람이었다. 상앙은 이 개혁의 추진자인 동시에 입안자였다. 이 때문에 효공의 개혁이라는 말 대신에 상앙의 개혁이라는 말이 쓰이는 것이다. 이 개혁으로 진은 내부를 정비하고 서방 6국과 경쟁할 수 있는 기틀을 마련할 수 있었다. 이때의 개혁이야말로 진이 천하 통일을 이루는 원동력이었다. 진나라의 기틀은 효공 치세의 개혁을 통해 다져졌으며, 그 효과는 효공 사후에도 계속되었다. 가의 역시 그 의의를 인식해, 효공 시기에 상앙의 개혁에 의해 진이 내부를 정비해 국력을 강화하고, 그를 계승한 후계자들이 효공의 정책을 충실히 답습해 영토를 확장하고 성장을 이룬 사실 자체는 높이 평가하고 있다.[207]

내부를 정비한 진이 외부를 향해 놀라울 정도로 세력을 신장해나가자 동방의 여러 제후국은 긴장 속에서 대처하지 않을 수 없었다. 명망 높은 전국 4공자가 중심이 되어 각국의 인재를 규합하고 진의 동진 저지에 나섰다. 이들은 합종책을 맺고 6국의 전략가와 장수를 모아 함곡관에서 진과 대적했다. 6국 연합군은 영토와 병사의 수효 및 문무 양 방면의 인재 집단에 있어서 진나라보다 월등히 앞섰으나 일사불란한 움직임을 보여주지 못했으며, 오랫동안 잘 훈련된 진나라의 군사와는 상대가 되지 않았다. 결국 서방의 진과 동방 6국의 대결은 진의 승리로 끝났다.

〈과진론〉 상편의 내용은 진왕 영정(嬴政)의 즉위와 업적으로 이어진다. 가의는 진의 시황제가 천하를 통일한 공적을 찬양하고 있지만, 그가 강조하고자 한 부분은 통일 후 시황제의 폭정이었다. 그래서 시황제의 법가 노선 채택과 그에 따른 분서갱유(焚書坑儒), 황제 권력 강화를 위한 중앙 집권 도모, 통일 제국을 길이 유지하려는 국가주의와 군국주의 정책 등에 대해 혹독한 비판을 가한다.

황제의 시호에서 보듯, 진은 영구한 세월 동안 지속될 것처럼 생각되었다. 그러나 진은 시황제 사후 급속히 무너져버렸다. 그 발단은 사소하다면 사소한 것이었다. 유례를 찾기 힘들 만큼 엄혹했던 진의 몰락은 만리장성 수축(修築)을 위한 노역에 동원돼 가던 한 둔장(屯長)에 의해 시작되었다. 진승이라는 사람이 바로 그 둔장이었다. 진승이 포함된 노역자들의 앞길에 장마가 이어져 기일 내에 현장에 도착할 수 없는 상황이 되었다. 당시의 진법(秦法)으로는 기일 안에 도착

하지 못하면 참형(斬刑)에 처해졌다. 장마 때문에 어차피 늦었으므로, 이제 장마가 끝나 목적지에 도달하게 되더라도 목숨을 잃을 운명이었다.

궁지에 몰린 일행이 택한 방법은 반란이었고, 이 반란은 진의 가혹한 통치에 시달리던 무리와 진에 의해 멸망한 전국 6국의 후예들을 반진(反秦) 대열에 합류시켰다. 반진의 물결은 순식간에 대하를 이루어 '진'이라는 거대한 둑을 무너뜨리기에 이르렀다. 가의는 바로 이 점을 문제시하면서 진의 멸망 원인을 다음과 같이 분석하고 있다.

둔장 신분으로 중국 농민 반란의 선구자적 지위를 차지하게 된 진승의 범용(凡庸)한 사람됨, 학식의 빈곤, 부족하다 못해 우스꽝스러운 무장(武裝)에도 불구하고 백성과 호걸 등이 그에게 호응해 진을 멸망시켜버렸다. 진승의 무리와 진을 직접 비교하는 것은 올바른 일이 아니겠지만 가의는 논지 전개를 위해 이와 같은 방법을 택하고 있다.

가의는 〈과진론〉 상편의 결론을 "인의를 베풀지 아니하고 천하를 탈취할 때와 지킬 때의 형세가 달랐기 때문이다"라는 구절로 끝맺고 있다. 이 문장은 어찌하여 한 사람의 필부(진승)가 난을 일으켜 진의 종묘사직을 없애고 천자가 살해되어 웃음거리가 되게 만들었는가 하는 물음에 대한 답변이다. 바꿔 말하면, 진이 급속히 멸망한 원인에 대해 가의가 던지는 해답이다. 이 의문에 대해 가의는 〈과진론〉 중편에서 상세한 설명을 반복하고 있다.

가의는 진이 천하를 통일한 후에 천하의 인재들이 순순히 귀복해온 것은 '근고(近古) 이래 오랫동안 왕 노릇을 한 인물이 없었기 때문'이라고 주장한다. 이는 서주의 왕, 춘추 시대의 다섯 패자가 사회의 구심점이 되어 천하의 질서를 도모하고 유지해나갔으나 전국 시대에 들어와 이를 대신할 지도자가 존재하지 않았다는 의미로 해석해도 좋다. 주왕을 정점으로 하는 서주를 기준으로 삼을 경우, 전국의 질서는 확실히 춘추보다 혼란의 극에 이른 것이었다고 볼 수 있다. 가의가 춘추 오패를 다소 긍정적으로 이해하는 것이 흥미롭기도 하지만, 여기에서는 춘추 시대와 전국 시대 사이에 이루어진 극심한 사회·경제적 변화뿐만 아니라 사상의 변천도 이해해야 한다.

중국 사회는 늦어도 춘추 중기 이후 철기 시대로 접어들었다. 먼저 농기구가 철기로 바뀌는 변화가 일어났다. 농기구의 철기화(鐵器化)는 거의 같은 시기에 진행된 농업 기술상의 발전[208]과 병행해 농업 생산력을 비약적으로 증대시킴으로써 새로운 사회의 형성에 큰 역할을 했다. 철제 도구 발전은 병기에도 변화를 가져왔다. 철제 무기로 군사력을 보강한 국가가 아직도 청동제 무기로 무장하고 있는 제후국을 침략·병합하는 등의 정복 활동이 전개되었다. 이 과정에서 은대와 서주 이래의 성읍(城邑) 국가[209]가 영토(領土) 국가[210]로 바뀌어갔다.

농업 생산력의 증대는 농민들의 사회적 지위를 상승시켰다. 이에 잉여 생산물로 재부(財富)를 축적한 농민들의 구매력이 향상되었다. 농민들이 주곡 외에 상품 작물을 생산해 상인들의 공산품과 교환함으로써 중국의 경제 단계는 자급자족에서 물물 교환으로 변해갔다. 한편 상인들은 제철업과 제염업에 투자해 재부를 축적했는데, 도주공(陶朱公)과 여불위(呂不韋) 같은 대상인의 출현은 이런 변화의 소산이었다. 이들이 활약한 공간은 과거의 정치적 성읍 도시가 아니라 새로운 상공업 도시였다. 제나라의 수도 임치(臨淄)와 조나라의 도읍 한단(邯鄲), 그리고 초나라의 도읍 영(郢)이 대표적인 곳으로, 이곳들은 상공 행위의 중심지가 되었다.[211]

지금까지 이야기해온 변화에 여러 나라의 군주들은 적극적으로 대처할 필요성을 절감했다. 이는 사회·경제 변화에 대한 정치적 대응이었다. 전국 시대의 각국은 개혁에 착수하지 않을 수 없었다. 그 결과 적자생존(適者生存)의 원칙에 따라 적극적으로 개혁에 나선 나라가 살아남기에 이른다. 상앙의 개혁 이전에 위(魏)의 문후(文侯)에 의한 중국 최초의 개혁[212]이 있었으며, 초의 도왕(悼王)은 오기(吳起)를 등용해 개혁[213]에 나섰다. 이 밖에 조나라의 무령왕(武靈王)은 흉노의 풍속을 들여와 호복(胡服)과 기마전(騎馬戰)[214]을 중국에 보급시켰다. 진나라의 개혁은 이 모든 개혁을 아우르는 완결판이자 종합편이었다. 상앙이 주도한 개혁은 이 모든 개혁 중에서 가장 철저했던 것으로, 그 의의는 앞에서 강조한 대로다.

시대의 변화와 함께 전쟁의 내용에도 변화가 일어났다. 전국 시대는 시대 명칭에서 볼 수 있듯이 제후국 사이에 전쟁이 끊이지 않던 때였다. 전쟁의 양상도 춘추 시대에 비해 크게 변했다. 동원된 병사의 수도 훨씬 많았으며, 전투의 실상도 훨씬 참혹했다.[215] 사회가 혁명적이라고 말해도 무방할 정도로 변했기 때문이었다.

전쟁 상태가 이어지면 가장 큰 피해는 예나 지금이나 사회의 밑바닥 계층이 입게 된다. 병사로 출전하여 전사하는 경우가 다반사였고, 요행히 운이 좋아 살아남는다고 하더라도 부상을 피하기가 쉽지 않았다. 전쟁에 동원된 병사는 그 기간 동안 가정과 가족을 돌볼 수 없다. 전쟁을 수행하기 위한 재원도 백성들로부터 거두어들이는 것으로 조달되었다. 백성들은 지치지 않을 수 없었다. 그들은 누구라도 좋으니 현재의 상황을 종식시켜줄 왕자(王者)의 출생을 기대하기에 이른다. 이와 같은 바람은 백성들뿐만 아니라 사대부 계층으로도 번져갔다.

그 결과, 사회·경제적 측면과 제도적 측면에서 통일 제국 형성의 기운이 먼저 조성되었으며, 전쟁에 시달리던 백성과 사인 계층 사이에 염전(厭戰) 사상과 반전(反戰) 사상이 광범위하게 태동·확산되어갔다. 염전·반전 사상은 천하의 혼란이 끝나야 한다는 통일론으로 발전해 통일을 고대하는 움직임이 고조되었다.[216] 이러한 분위기 속에서 나중에 황제가 되는 진왕이 천하를 통일할 기세와 능력을 갖춘 왕자의 면모를 보이자 가의의 표현대로 인재와 백성들이 바람을 좇듯 귀순했던 것이다.[217]

〈과진론〉은 중편에서 시황제와 이세황제 및 자영(子嬰)의 과오와 실정(失政)에 대해 보다 상세한 근거를 제시해나간다. 시황제가 자신의 능력을 과신한 나머지 인의를 내팽개치고 사술과 무력에 의존해 통치한 점이 잘못이라고 가의는 지적한다. 이것은 상편 말미의 "인의를 베풀지 아니하고 천하를 탈취할 때와 지킬 때의 형세가 달랐기 때문이다"라는 문장과 상응한다. 가의는 상·중·하로 이루어진 〈과진론〉 곳곳에서 동일한 주장을 되풀이하면서 논지를 전개한다. 가의는 시황제가 은과 주의 발자취를 귀감으로 삼아야 마땅했다고 주장하면서 삼왕(三王)의 덕을 찬양한다. 여기에서 우리는 〈과진론〉의 저술 의도가 적나라하게 드러남을 보게 된다. 가의는 문제를 비롯한 후대의 황제들에게 진의 실패를 교훈으로 삼아야 한다고 충고하고 있는 것이다.

가의는 시황제의 실정뿐만 아니라 이세황제의 과오도 날카롭게 지적한다. 시황제의 폭정에 시달린 백성들은 이세황제에게 많은 기대감을 나타냈다. 그러나 이세황제는 시황제보다 능력이 부족하면서도 오히려 그 전철을 답습해 종묘와 백성을 다시 한번 불구덩이 속으로 몰아넣었다. 2대에 걸쳐 전개된 진 왕조의 폭정은 필부에 지나지 않았던 진승으로 하여금 청사(靑史)에 이름을 남기게 해주었다. 기울어가는 왕조를 바로잡는 길은 시황제의 통치로 고통을 겪은 백성들을 편하게 해주는 것이었는데, 이세황제는 이에 역행하는 그릇된 방법을 택해 과오를 저질렀다. 뿐만 아니라 반란 진압의 책임을 맡은 진의 명장 장함(章邯)이 오히려 항우에게 투항한 후 이세황제를 시해하려는 계획까지 세웠다. 이세황제의 과오는 뒤집어보면 진승의 반란이 성공한 이유이기도 했던 것이다.

환관 조고(趙高)가 꾸민 간계로 망이궁(望夷宮)에 유폐되었다가 자결로 일생을 마감한 이세황제의 뒤를 이어 진의 통치자가 된 자영[218]에 대해 가의는 어떤 평가를 내리고 있을까. 그는 자영 역시 보통의 재능도 갖추지 못한 군주였으며, 중급 수준의 재상과 장수의 보좌조차 얻지 못해 진의 멸망을 막을 수 없었다고 본다.

가의는 〈과진론〉 중편에서 이세황제의 실정을 서술하고, 그 원인에 대한 결론을 내린다.

선왕은 매사에 처음과 끝의 변화를 보고 존망의 기미를 알고 있었기에, 백성들을 다스리는 도리란 단지 백성들을 편안하게 해주는 데 있음을 인식하고 그에 따라 힘썼을 따름이다…천자의 귀한 몸으로 모든 천하의 재부(財富)를 소유하고도 그 자신이 죽음을 면치 못한 것은, 기울어져가는 것을 진정 바로잡으려는 방법이 잘못되었기 때문이다. 이것이 바로 이세황제의 과오였던 것이다.

주위의 현명한 신하들이 군주의 잘못을 간하지 못한 것은 진에서는 언로가 원천적으로 봉쇄되어 있었기 때문이었다. 이에 관한 법률도 엄격하기 짝이 없었다. 충언을 간하는 말을 미처 마치기도 전에 목숨이 달아났다. 따라서 충신의 간언도 지사의 계책도 황제에게 올라갈 수 없었다. 천하가 혼란에 빠져도 진실은 간특한 신하 때문에 황제에게 전달될 수 없었던 것이다.

가의는 〈과진론〉 하편에서 진 왕조의 흥망 원인을 다시 한 번 분석해놓았다. 전국 시대의 진이 성장하면서 목공에서 시황제에 이르는 20여 인의 군주가 제후국의 패자 노릇을 할 수 있었던 데는 그들의 유능함뿐만 아니라 진이 가진 지리상의 이점이 크게 작용했다. 100만 대병을 거느리고 진을 공격한 산동 6국의 제후들은 한마음으로 단결하지도 못했다. 명분은 진을 정벌하는 것이었으나, 자신들의 작은 이익을 챙기기에 급급했던 것이다. 이것이 가의가 진단한 전국 진의 강성 원인이다.

진의 시황제는 천하를 통일하고 중국의 위세를 사방에 떨친 공적을 이룩했으나 그의 정치는 가혹했다. 그 뒤를 이은 이세황제는 아비의 통치에서 교훈을 얻지 못하고 오히려 악정을 답습·확대해나갔다. 그렇기 때문에 진은 보잘것없는 일개 둔장이 일으킨 반란을 계기로 급속히 멸망의 길을 걸었던 것이다.

〈과진론〉 하편 말미의 논지는 주나라의 선왕과 진나라의 군주 3인을 비교하는 방법으로 전개되고 있다. 이 비교는 "군자가 나라를 다스릴 때에는 상고의 일을 살펴 당대에 증험해보고 인사를 참작하여 성쇠의 이치와 권세의 마땅함을 살피니, 버리고 취함에 일정한 규율이 있었고, 그 변화는 시세와 상응했으므로 태평한 시절이 오래도록 이어지고 사직이 안정되었던 것이다"라는 말로 끝을 맺는다. 진나라 군주의 통치는 전대 선왕들의 자취에 반하는 것으로, 진의 군주들이 상고의 일을 살펴 오늘에 증험해보는 일을 잊었기 때문에 파멸의 구렁텅이로 떨어졌다고 주장하고 있음을 알 수 있다.

현재의 군주가 과거의 통치를 거울삼아 정치에 대한 도움을 얻고자 하는 생각은 근대 이전, 중국을 비롯한 동아시아에서 역사 서술의 전통이었다. 거울의 의미를 지닌 '통감(通鑑)'이라는 용어가 '역사'와 통용되면서 역사서 제목에 많이 쓰이는 것이 이를 단적으로 증명한다.[219] 감계주의(鑑戒主義)라고 부르는 중국 역사 서술의 특징[220]에서 〈과진론〉도 벗어나지 않는다. 가의는 당시까지의 역사적 경험을 〈과진론〉에서 모두 정리해, 전한 개국 20여 년 무렵에 진과는 다른 제국의 질서를 수립하기 위한 교훈을 남김으로써 문제를 비롯한 이후의 황제들에게 통치의 '거울'을 제공하고자 한 것이다.

(2) 〈치안책〉—한나라의 새로운 틀 만들기

전한의 문제 7년(기원전 173), 가의는 〈논시정소(論時政疏)〉를 올렸다. 〈논시정소〉는 〈진정사소(陳政事疏)〉 혹은 〈치안책〉이라고도 불리는데, 지금은 후인이 붙였다고 여겨지는 〈치안책〉이라는 명칭이 주로 사용되고 있다. 이 책에서도 〈치안책〉으로 칭해왔다. 이 〈치안책〉이야말로 〈과진론〉, 〈논정제도흥예악소〉와 더불어 가의 사상의 핵심을 담고 있는 글이다.

가의가 〈치안책〉을 올린 당시의 배경에 대해 《한서》 〈가의전〉에는 다음과 같이 나와 있다.

> 당시에 흉노가 강성하여 변경을 침략했다. 천하가 통일된 직후여서 법도가 소략(疏略)했다. 제후왕은 방자하게 천자를 흉내 내어 영토의 크기가 옛날의 법도를 넘어섰으며, 회남왕과 제북왕은 모두 역모 죄로 주살(誅殺)되었다. 가의가 여러 차례 상소하여 정사를 논했는데, 잘못을 바로잡고 법도를 세우자는 바가 많았다. 그 대체적인 내용은 다음과 같다.[221]

여기에서 보듯 〈치안책〉의 목적은 한의 건국 초기에 외부

의 흉노, 내부의 제후왕 문제를 바로잡고 치국의 백년대계가
될 제도를 정비하자는 데 있었다.

〈치안책〉은 건국 초기의 한이 당면한 문제를 크게 셋으
로 나누어 논리 정연하게 서술하고 있다. 가의는 문제를 향
해 지금의 상황에서는 통곡할 만한 일이 한 가지이고, 눈물
을 흘릴 만한 일이 두 가지이며, 오랫동안 크게 탄식할 만한
일이 여섯 가지라고 전제한다. 여기에서 통곡할 만한 일이란
제후왕 문제를, 눈물 흘릴 만한 일이란 흉노 문제를 가리킨
다. 그리고 오랫동안 크게 탄식할 만한 일 여섯 가지는 그가
사치와 황노술(黃老術)식 대응책 지양, 풍속 교정, 사유(四維)
확장에 따른 계층 간 위계 질서 확립, 태자 교육의 중요성, 예
교주의 확립, 신하 예우(禮遇)를 주장한 데서 알 수 있듯이 다
양한 사회 문제였다. 가의는 실로 내치, 대외 관계 및 사회 문
제 전반에 걸쳐 개혁의 필요성을 역설하겠다는 의지를 드러
내 보이고 있는 것이다. 이에 대해 하나씩 살펴보기로 하자.

한의 고조 유방이 이성제후왕을 동성제후왕으로 바꾸는
조치를 단행했어도 황제 권력은 단시일에 확립되지 않았다.
고조가 이 조치를 완료한 해는 고조 12년(기원전 195)이었다.
장사왕을 제외한 9인의 동성제후왕이 고조 재위 시에 분봉
(分封)되었다. 여후 집권기에 여씨 일족이 잠시 제후왕의 자
리를 차지했으나, 문제의 즉위와 함께 모두 처형되었다. 문
제 초년의 제후왕국은 초(楚)·오(吳)·연(燕)·제(齊)·조(趙)·회

남(淮南)·하간(河間)·성양(城陽)·제북(齊北)·양(梁)·대(代)·태원(太原)·장사국(長沙國) 등이었다. 이 중 양·대·태원에는 문제의 친아들을 봉했고 장사국은 유일한 이성제후국이었다. 이를 제외하면 9개국이 동성제후국으로 남는다.

실제 문제가 되는 상황은 9개의 동성제후국에서 일어났다. 협소한 봉지(封地)에 처음부터 불만을 품고 있던 제북왕이 모반을 일으켰으나 실패한 후 주살되었으며, 제남왕은 모반의 징조가 있다는 조신(朝臣)들의 상소로 유배를 가다가 도중에 자결했다. 두 제후국이 폐국(廢國)되었음은 물론이다. 그 후에도 황제와 동성제후왕 사이에 갈등이 끊이지 않았는데, 가의가 〈치안책〉을 상소할 무렵 정치적 상황은 다음과 같았다.

원래 가의는 제후왕을 두는 분봉제(分封制)에 찬성하는 입장이었다. 〈과진론〉에서 보았듯이, 진이 그토록 빨리 몰락한 원인을 "고립무친(孤立無親)으로 위태롭고 유약했음에도 불구하고 보필하는 신하가 없었다"[222]는 데서 찾고 있기 때문이다. 그러나 가의는 봉건을 전적으로 지지한 것은 아니었고, 제도 자체에서 발생하는 모순과 위험 또한 지적했다. "황제와 제후왕 상호 간의 의심에서 일어나는 문제"[223]라는 표현을 사용했지만, 기실 이는 권력의 속성의 문제였다. 가의는 제후왕들의 경륜이 일천(日淺)하고 조정에서 파견한 상(相)[224]이 제후국의 정치를 장악하고 있어서 아직까지 우려

할 만한 일은 나타나지 않고 있으나, 제후왕의 세력이 강성해져 상 이하의 관리를 마음대로 임명하게 되면 요순(堯舜)과 같은 성군도 감당할 수 없는 사태가 도래할 것이라고 예견했다.

가의가 걱정한 것은 제북왕이나 제남왕 사건의 재발과 그것이 가져올 황제 권력의 약화에 따른 혼란이었다. 특히 세력이 강한 제후왕은 반드시 모반을 도모할 것이므로, 그들의 세력을 약하게 만들어야 한다고 주장했다. 구체적으로는 제·조·초·연·양 등, 당시의 큰 제후국을 우선적으로 분할해 제후왕의 자제들을 분봉하자는 것이 가의의 생각이었다. 이것이 유명한 가의의 '중건제후'방책이다. 가의의 제후왕 방책은 사실상 '중건제후' 네 글자로 집약된다. 그는 이렇게 하면 황제의 위업을 천하에 널리 알리는 효과를 거둘 수 있으며, 왕실의 자제들은 분봉받지 못할 염려가 사라져 두 마음을 품지 않을 것이라고 보았다.

제후왕이 성장해 반란을 일으켰을 때 이를 진압한 뒤 제후왕국을 폐하고 한의 군현으로 편입시켜 직할 통치하기보다 미리 분할 분봉하는 것이 낫다는 의미를 담고 있는 가의의 주장은 말할 필요도 없이 현대 정치학에서 얘기하는 분할 통치Divide and Rule의 정신과 일치한다. 이러한 계책을 빨리 시행해야 하며, 강력하고도 절대적인 황권을 동원해 추진해야 한다는 것이 그의 견해였다.

제후왕 방책은 가의가 〈치안책〉 가운데서 "통곡할 만한 일"이라고 표현할 정도로 심각하고도 중요한 문제에 대한 해결책이었다. 그의 사후인 문제 16년(기원전 164)에 회남왕 유장(劉長)의 유자(遺子) 세 명을 분봉해서 회남국을 삼분하고 그 세력을 약화시켰다. 또한 제나라의 도혜왕(悼惠王) 유비(劉肥)의 아들 여섯 명을 분봉하니 제나라는 6등분되었다. 이러한 조치는 문제가 가의의 건의를 어느 정도 받아들인 결과였다.[225]

가의의 건의는 일부 실현되었으나 제후왕 문제를 완전히 해결한 것은 아니었고, 오히려 속으로 곪아가다가 폭발해 다른 양상으로 전개되기에 이른다.[226] 가의의 제후왕 대응책은 그의 생전에는 효과를 보지 못했으나 경제 시기에 조조에 의해 계승되고 무제 시기에 열매를 맺게 된다. 그가 지향한 것은 황제 권력의 강화를 중심으로 한 제국의 신질서 구축이었다. 이러한 점에서 가의의 제후왕 대응책은 시대보다 한 걸음 앞선 것으로, 이후에 전개된 전한의 역사에 큰 영향을 미쳤다는 의의를 가진다.

통곡할 만한 일이 제후왕 문제라면, 눈물 흘릴 만한 일은 흉노 문제였다. 내치와 외정에서 화급(火急)을 다투는 일들이었다. 가의가 〈치안책〉에서 문제의 해결을 강조한 흉노는 문제 당시에 한과 어떠한 상태에 놓여 있었을까. 어떠한 과정을 거쳤기에 한은 흉노에 대해 굴욕적인 관계를 지속할 수밖에 없었을까. 이 물음에 대해서는 약간의 설명이 필요하다.

진대와 달리 한대에는 국경 밖에 한과 대등한 독립 국가들이 존재했다. 이들 지역은 중국의 영향 아래 국가로 발전했으며, 중국과의 교류를 통해 성장하여 한을 위협하기에 이르렀다. 뿐만 아니라 때때로 한이 열세에 처하는 경우도 많았다. 그중 한의 가장 큰 우환은 흉노였다.

흉노가 자리한 장성 북방은 사막과 대초원 지대로, 이동성이 강한 유목 민족의 거주지였다. 처음에 이들은 많은 종족으로 분열되어 있었다. 그들의 분포 지역은 일정하지 않았으며, 정치권력도 하나로 통일돼 있지 않았다. 대체로 만리장성 이남에 통일 국가가 출현하면 이에 자극을 받아 장성 이북에도 통일 국가가 출현하곤 했다. 그 후 장성을 사이에 둔두 세력은 필연적으로 충돌하는 과정을 겪어야만 했다.

한의 건국과 거의 비슷한 시기에 북방에 통일 제국이 대두했다. 흉노족의 영웅이요 건국자인 묵특선우(冒頓單于)가 나타나 흩어져 있던 흉노족을 통일한 것이다. 묵특은 초원 지대 대부분을 지배하면서, 유목 세력을 통합한 대제국을 건설했다. 천하 정세는 하나인 세계에 한과 흉노라는 두 제국이 존재하게 되었다. 한도 흉노도 막강한 경쟁자들을 물리친 건국 직후여서 자신감에 넘쳤고, 상대방의 존재를 인정하려들지 않았다. 전쟁이 뒤따르는 것은 필연적인 수순이었다.

앞에서 서술했듯이 유방과 묵특선우는 평성에서 대결했

고, 결과는 한의 참패였다. 유방은 7일 동안 포위되어 목숨이 위태로운 지경에 처했으나 진평(陳平)의 계책에 따라 흉노의 황후에게 뇌물을 써서 탈출하는 데 성공했다. 30여 만의 병력은 100명 남짓 정도로 줄어들었다. 한나라의 국방력은 크게 약화되었고, 쓰라린 실패를 맛본 유방은 재차 흉노를 정벌하겠다는 생각을 품을 수 없었다. 이러한 때, 평성 전투가 있기 전에 이미 흉노와의 화친을 주장했던 유경(劉敬)[227]의 건의를 고조가 받아들이니, 양자의 관계는 새로운 국면을 맞는다.

유경은 사신으로서 흉노에 다녀와 흉노의 힘을 직접 경험한 바 있었다. 그는 "흉노의 세력이 강성해서 정벌하기 어렵다. 그렇다고 흉노를 방치해두면 한을 침공할 것이므로 화친(和親)의 약(約)을 맺어야 한다"[228]고 제의했다. 한과 흉노가 체결한 화친의 내용 가운데 중요한 것은 세 가지다. 첫째는 한의 공주를 흉노의 선우에게 출가시킨다는 것이었고, 다음은 한의 황제와 흉노의 선우가 형제의 의(義)를 맺는다는 것이었다. 그리고 또 하나는 한이 해마다 흉노에게 물자를 보낸다는 것이었다. 세 가지 약속이 모두 이행되면 흉노는 한을 침략하지 않는다는 조항이 추가되었다.

이 같은 한과 흉노의 약속은 제대로 지켜지지 않았다. 한나라의 공주를 선우에게 출가시킨다는 것, 즉 사랑하는 피붙이를 불모지(不毛地)로 보내 '오랑캐' 생활을 겪게 한다는 것은 고조를 비롯한 황족에게는 끔찍한 일이었으리라. 이에 한나라는 약속을 어기고 공주 대신 궁녀(宮女)를 주로 보냈다. 흉노도 이 사실을 간파했으며, 설령 한나라가 진짜 공주를 보냈더라도 공주와 선우 사이에 난 소생을 차기(次期) 선우로 삼지 않았다.

다음으로 형제의 의를 맺는다는 약속은, 누가 형이고 누가 동생인지 명확하게 규정하지 않아서 문제가 발생했다. 이것은 자존심이 걸린 문제로, 서로가 형의 지위를 차지하겠다고 나선 까닭에 명확한 결론을 내리지 못한 채 흐지부지되어버렸다. 그러나 한이 흉노에게 물자를 보내겠다는 약속은 충실하게 지켜졌다. 이는 한의 군사력이 흉노보다 명백하게 열세였다는 사실의 반증(反證)이자, 조공(朝貢)의 역전 현상이었다. 그 결과 흉노는 풍족한 한의 물자에 대한 욕구를 충족시킬 수 있게 되고 한은 흉노의 침략을 면하게 되어 상호의 목적은 달성되었다.

가의는 바로 이와 같은 상황을 가리켜 눈물을 흘릴 만한 일이라고 말하고 있다. 가의가 보기에 그것은 천하의 머리인 한 천자와 천하의 발인 흉노 선우와의 관계에서 상하가 전도된 것이므로 비굴하고 치욕스러우며 화를 참을 수 없는 일이었다. '조공'은 서주 시기의 제후국이 주 천자에게 내보인 예의의 표시였다. 예의를 표할 때 세폐(歲幣)라고 부르는 적지 않은 양의 물자가 수반되었다. 천하가 통일됨과 동시에 조공은 중국의 황제와 주변국 사이의 관계를 규정하는 제도로 전환되었던 것이다. 따라서 한이 흉노에게 세폐를 보낸다는 것은 결국 한의 천자가 흉노의 선우에게 신하로서 예를 갖춘다는 뜻이 되었다.

전도된 상황을 바로잡기 위해 가의는 자신을 흉노를 관장하는 관리로 임명해달라고 청한다. 이는 흉노를 제압하여 진정한 황제 국가 수립이라는 국가적 차원의 난제를 해결해 보이겠다는 자신감의 발로인 동시에, 중국 밖으로 나가 큰 공을 세워 입신양명(立身揚名)을 이루려는 개인적 의지의 표현으로 보인다. 〈치안책〉에 보이는 가의의 흉노 방책은 제후왕과 관련된 것에 비해 소략한 편이다. 이를 보완해주는 자료가《가의신서》〈흉노〉편[229]과 〈논적저소〉다.《가의신서》〈흉노〉편에는 가의의 독창적인 삼표오이(三表五餌) 방책[230]에 따라 화친 관계를 버리고 흉노를 한의 속국으로 만들자는 주장이 실려 있다. 〈논적저소〉에는, 군량을 비축하여 장기전을 준비해두면 유사시에 '공격하면 반드시 이기고, 방어하면 철통처럼 지킬 수 있다'는 주장이 나온다. 이에 더해 가의는 흉노의 지배 계층으로부터 흉노의 백성들을 분리시키는 '백성을 빼앗는 전쟁'을 시행하자고 촉구한다. 흉노의 지배 계층과 그 치하의 백성들을 분리한 다음 백성들을 한으로 끌어들여 흉노의 지배 계층을 고립시킴으로써 단번에 승리를 쟁취하도록 힘쓰자는 것이다. 이상이 흉노 방책의 골자다.[231]

〈치안책〉에서 제후왕 방책과 흉노 문제 못지않게 중요한 내용은 사회 체제와 풍속 교정,[232] 예교 확립 및 태자 교육, 신하 예우(禮遇)다. 이 중 태자 교육과 신하 예우를 제외한 나머지 문제들을 살펴보기로 하자.[233] 태자 교육과 신하 예우의 문제는 통시대적(通時代的) 성격이 짙기 때문이다. 가의에게 제후왕 문제가 통곡할 만한 일이라면 당시의 사회 문제는 오래도록 탄식할 만한 일에 해당하는 것이었다. 〈치안책〉의 이 부분은 〈논정제도흥예악소〉의 내용을 한 단계 구체화시킨 것으로 보인다. 앞에서도 언급했듯이 〈논정제도흥예악소〉가 소략한 내용으로 가의 개혁의 대강과 방향만을 제시했다면, 〈치안책〉에 담긴 사회 개혁 정책은 가의 사상의 핵심을 보여준다. 제후왕 및 흉노 문제에 대한 방책이 소극적인 대책이라고 한다면 이풍역속이나 태자 교육 등은 적극적인 대책이라 할 수 있으며, 영구적이고도 만세불변적인 방책으로 간주될 수 있고, 국가의 백년대계를 도모하려는 개혁 의지의 발로라고 이해되기도 한다.[234]

가의의 사회 개혁 방책 가운데 가장 중요한 내용은 사치 풍조를 바로잡는 것이었다. 초한 전쟁으로 중국의 민력(民力)은 격감했으나, 고조 이래 황노술에 의한 자유방임적 통치에 따라 회복되어갔다. 이에 따라 농업 생산력이 증대했고 상인들의 교역 활동도 활발해졌다. 재부(財富)를 축적하게 된 공신 집단과 호족 지주 및 대상인들은 도(度)에 넘치는 생활을 즐기기에 이르렀다. 하층민들까지 왕후장상(王侯將相)의 의복을 착용하는 현상이 나타났고, 이러한 풍조가 가의로 하여금 길이 탄식하게 했다. 가의가 심혈을 기울여 바로잡으려 한 당시의 풍조를 낳은 황노술이란 무엇일까?

진의 멸망과 동시에 법가에 의한 사상계 통일도 끝나고 제2의 제자백가 시대가 개막되었다. 절대적인 사상은 더 이상 존재하지 않게 되었던 것이다. 유가, 도가(道家) 등 여러 사상이 함께 유행했다. 이러한 언론과 사상의 자유라는 현상 역시 한초의 황제 권력 약화 현상에 기인한 것이었다.

그런데 절대적인 힘을 지닌 사상은 없었으나 당시의 상황에서 상대적으로 우위를 점한 사상은 존재했다. 그것이 바로 황노술이었다. 황노술이란 '황제노자지술(黃帝老子之術)'의 준말이다. 여기에서 말하는 황제란 전설 시대의 제왕이었던 삼황오제(三皇五帝) 중에서 오제의 첫머리에 해당하는 명군(名君)인 황제(黃帝)를 가리킨다. 황제는 탁록(涿鹿)의 싸움에서 치우(蚩尤)를 제압하고 무력으로 중화 세계를 통일한 최초의 인물로 알려져 있다. 황제는 문자·역법·궁전·의상·수레·화폐 등, 모든 문물과 제도를 창안한 군주이기도 하다. 뿐만 아니라 의술과 방중술(房中術)의 달인으로,《황제내경(黃帝內經)》과《소녀경(素女經)》의 저자로 전해진다. 역사 시대의 인물에 포함시키기 어려운 존재이므로 구체적인 내용과 실체 유무를 떠난, 신비스럽고 초월적인 개념을 지닌 존재로 생각하면 이해하기 쉬울 것이다.

노자(老子)는 말할 필요도 없이 도가의 창시자로, 그가 주장한 사상은 그를 계승한 장자(莊子)의 사상과 결합하여 당대뿐만 아니라 지금까지도 중국을 비롯한 동아시아 세계에 깊은 영향을 끼치고 있다. 이 노자의 정치 기술을 현실 정치에 적용하는 통치술이 황노술이다. 도가 사상의 핵심 내용이라고 할 수 있는 무위자연(無爲自然)의 개념을 원용한 무위이치(無爲而治)의 정신으로 통치한다는 것이다. 현재의 상황을 변화시키려는 모든 인위적인 노력을 부정하고 민간의 자율적 질서에 일임하자는 것이 황노술 통치의 골자다.

한초에 정치와 민간 사회를 주도했던 세력은 황노술의 신봉자들이었다. 한고조 집단의 거의 대부분이 황노술을 숭상한 것으로 나타나고 있다. 유방 자신이 황노술을 신봉했다는 기사는 보이지 않는다.235 그러나 소하(蕭何)·조참(曹參)·진평(陳平)과 같은 전한 건국의 일등 공신들과 황(태)후들은 약속이나 한 듯이 황노술에 심취했다는 기록이 《사기》와 《한서》의 해당 세가와 열전 곳곳에서 보인다. 소하·조참·진평이 한초의 역대 재상이었다는 사실을 감안한다면, 전한 초기의 정치가 어떠했는지 쉽게 상상할 수 있다. 황노술에 의한 통치는 고조 시기를 거쳐 혜제와 여후 집권기에도 이어졌다. 특히 여후의 황노술 숭상은 그녀의 막강했던 정치권력과 맞물려 강력한 영향력을 발휘했다. 여씨 천하에 뒤이은 문제 치

세 초기에도 조정과 권력의 실세들은 여전히 황노술을 추종하고 있었다.[236]

원래 도가에서는 사회 현상을 분석하고 해결하려는 데 관심이 적었다. 즉 정력권력과 사회 문제에 대한 관심이 적었다. 그럼에도 한초에 정력권력의 핵심 인물들이 황노술을 신봉했다는 사실은 주목할 만한 점이다. 이는 한초의 공신 세력들과 황노술이 결합해 새로운 지배 이데올로기를 형성했다는 것이며, 비현실적인 사상이 정치 이념으로 화했다는 것이다.

황노술 통치의 궁극적 이상은 여민휴식(與民休息: 백성과 더불어 휴식함)이었다. 백성들이 국가에 바라는 바는 '민을 위해서 무엇을 하겠다'는 그 자체를 하지 않는 것이라 판단하고, 국가는 가능한 한 힘의 행사를 자제하고 모든 질서를 민간의 자율에 맡겨 방임하겠다는 것이었다. 따라서 될 수 있는 한 국가는 민간 질서에 간여하지 않으며 국가의 활동을 축소할 것을 지향했다.[237]

이 시기에 왜 이러한 사상이 유행했을까? 이 정책은 한초라는 특수한 상황에 아주 적절한 것으로 백성들의 적극적인 지지를 받았다. 진말의 혼란과 초한 전쟁 기간을 통해 소모된 민력(民力)과 탕진된 재정을 회복시키고 국력을 축적하며 장기간의 평화를 지향하려면 진대의 엄격한 법가적 통치로는 더 이상 효과를 보기가 불가능했던 것이다. 이러한 시대 배경과 함께 전한을 건국한 공신 집단이 대부분 임협 출신이었다는 사실도 강조되어야 한다. 학문적 소양이 부족한 그들에게서 제국의 신질서 수립을 뒷받침할 만한 이데올로기 창출을 기대하기란 어려운 일이었던 것이다.

모든 사상은 통용되는 시기가 있는 법이다. 중국의 경우, 도가 사상이 정치에 반영된 경우는 한초가 유일무이(唯一無二)했다. 황노술에 의한 통치는 오래 지속될 수 없었다. 황노술의 영향력은 민력이 축적되고 재정이 회복되는 문제 시기에 들어 점차 소멸해갔다. 임협 집단에게는 황노술이 인간과 인간을 결합시키기에 좋은 제도였다. 그러나 거대한 통치 조직인 국가를 운영하는 데는 체계적으로 완비된 사상이 필요했다. 황노술과 그 신봉자들은 새로운 제국을 건설하는 질서를 창조할 수 없었으며 그럴 가능성도 없었다. 가의는 바로 이러한 무렵에 활약하면서 변화해가는 전한 사회에 황노술을 대체할 새롭고 깊이 있는 사상을 제시한 인물이었다.

가의는 황노술과 관련한 사치 풍조를 비판했는데, 엄밀히 말하면 사치 풍조 자체가 아니라 사치가 가져다줄 결과를 비판한 것이었다. 그는 의식주 전반에 걸쳐 도가 넘치는 사치는 결국 황제의 권위에 도전하는 것이며, 궁극적으로 위계질서를 파괴하는 것이라고 보았다. 이 점에서, 가의가 사치 풍조 비판을 통해 겨냥하는 것은 공신 집단이라고 보아야 한다.

무릇 풍속이 지극히 불경스럽고 지극히 상하의 등급이 없으며 지극히 윗사람을 욕되게 하는데도 계책을 올리는 자는 오히려 '아무 일도 하지 말라'고 말하니, 오랫동안 크게 탄식할 만한 일이 바로 이것입니다.

이 구절은 무위, 요컨대 황노술을 신봉하는 공신들의 참람 (僭濫: 분수에 넘쳐 방자스러움)에 대한 공격이다. 가의의 사치 풍조 비판은 공신 집단의 전횡을 방지하려는 시도인 동시에 황제 권력을 확립하려는 시도의 일환이었다. 이는 결국, 동성제후왕 대응책과 마찬가지로 제국의 신질서를 구축하려는 의지의 소산이었던 것이다.

여기에서 "아무 일도 하지 말라"는 무위(無爲)의 번역어다. 이 무위는 '무위도식(無爲徒食)'의 무위가 아니라, 노자 사상의 핵심이라고 할 수 있는 '무위이치(無爲而治)'와 '무위자연 (無爲自然)'에서 말하는 무위다. 이 무위는 인위(人爲)·유위(有爲)·작위(作爲)의 상대 개념으로 자율, 혹은 자유방임의 의미가 강하다.[238] 가의는 바로 계책을 올리는 자, 요컨대 기득권을 가진 공신 집단의 이와 같은 황노술식 문제 해결을 강력히 비판한 것이다.

가의는 사치 풍조의 교정 다음으로 예치주의(禮治主義) 확립을 강조했다. 진나라는 법가 사상을 기초로 공리주의적인 시책을 폈다. 따라서 진의 통치는 지나치게 각박(刻薄)했다. 이러한 각박함은 사회 전반에 퍼졌고, 전한 건국 후에도 민간에 잔존하고 있었다. 가의는 이를 없애야 할 악습(惡習)으로 생각했다.

예의와 염치를 벗어난 구시대 진의 악습의 폐해는 생각보다 심각해서, '심지어 황제묘(皇帝廟)의 기물을 훔치고, 대낮에 저잣거리 한복판에서 관리를 살해하고 공금을 탈취하는' 일까지 일어날 정도였다. 가의가 〈치안책〉에서 예교(禮教)를 강조한 것은 이와 같은 진 왕조의 유풍이 더 이상 확산되는 것을 막고 사유(四維: 예·의·염·치)에 근거한 새로운 풍속을 창출하기 위해서였다.

가의가 예치를 주장하면서 모범으로 삼은 인물은 순자(荀子)와 관자(管子: 관중)였다. 사유는 공자(孔子)가 처음 제창하고 순자가 발전시킨 것이다. 순자는 성악설(性惡說)에서 악한 인간의 본성을 바로잡는 길은 예교를 통한 교화(教化)라고 역설했는데 가의도 이를 계승했다. 순자의 예치를 좀 더 깊이 들여다보면, 예란 사회 규범인 동시에 계서(階序) 구별에 따른 신분 규정이다. 순자에 따르면, 천자로부터 서민에 이르기까지 엄격한 계급의 분별이 존재하며, 각각의 계층은 이에 상응하는 신분 질서를 준수해야 한다.[239] 가의는 상앙을 전국 진에서 실용적인 개혁을 주도하면서 예의와 인은(仁恩)을 유기한 장본인으로, 춘추 시기 제나라의 환공(桓公)이 패자가 되는 데 결정적 도움을 준 관중을 사유에 의한 정치를 역설한 인물로 파악하고 관중의 사상을 적극 수용하고 있다.

가의의 예치주의도 황제 권력의 강화와 맥을 함께하는 것으로, 제국의 신질서 창출로 귀결되는 것이었다. 가의가 주장한 신질서란 예교에 의한 통치 질서였다.

문제는 가의의 건의를 즉각 받아들이지는 않았다. 그러나 가의의 제후왕 방책은 경제 시기에 조조의 삭번(削藩) 정책[240]으로, 무제 시기에 주보언(主父偃, ?~기원전 126)의 추은령(推恩令)[241]으로 계승되었다. 그 결과 황제의 일원적(一元的) 지배가 확립되었다. 흉노 정책에서는 문제·경제 시기의 축적된 경제력을 바탕으로 무제 시기에 흉노와 장기전을 치른 결과 원정(元鼎) 연간(기원전 116~기원전 111) 이후 흉노에 대한 한의 우위가 유지되었다. 또한 황노술은 이미 문제 대에 들어와 덩치가 커지고 골격이 갖추어진 한의 지배 이데올로기로서 기능을 상실하기에 이른다. 무제 시기에는 그 대신 태학(太學)[242]을 세우고 오경박사를 두어 유학을 진흥시키는 등, 예교에 의한 교화를 지향했다. 가의의 사상은 이처럼 전한의 극성기라고 할 수 있는 무제 시기에 꽃을 피워 후한대까지 이어졌다. 가의와 그의 사상은 시대를 앞선 것으로 한 제국의 성격과 정체성마저 규정하기에 이르렀다.

3. 진나라 역사 이야기

〈과진론〉과 〈치안책〉은 진과 전한 초기를 시간적 배경으로 삼고 있다. 양자를 보다 깊이 이해하기 위해서는 진과 한 초의 역사에 대한 지식이 요청된다. 전한 초기의 역사는 해제의 1절과 2절 속에 녹아 있으므로, 진의 역사를 따로 서술하기로 한다.

(1) 발생에서 천하 통일까지

진은 성(姓)[243]이 '영(嬴)'으로 선진(先秦: 진의 통일 이전) 시기의 제후국이자 전국 7웅 중 하나였다. 진은 고대에 '영'이라는 성을 사용하던 부족 가운데 한 갈래로 소호(少皥)[244]를 받들어 제사 지냈다. '영' 성의 선조는 대비(大費)다. 전설에 따르면 여수(女脩)가 검은 새의 알을 삼킨 후에 대비를 낳았다고 한다. 대비는 하(夏)나라의 시조인 우(禹)임금의 치수를 도왔다는 인물이다. 은(殷)나라 말기, '영' 성 가운데 중휼(中潏)과 그 일파가 서융(西戎)[245]의 땅에 거주했으며, 아들 비렴(蜚廉)과 손자 악래(惡來)는 모두 은의 주왕(紂王)[246]을 섬겼다.

서주(西周, 대략 기원전 1100~기원전 770) 중엽, 중휼의 후예 대락(大駱)이 서견구(西犬丘: 감숙성(甘肅省) 천수시 서남, 예현 동북)에 살면서 아들 성(成)과 비자(非子)를 낳았다. 성이 적자(嫡子)로서 대락을 승계해 서견구에 머물렀고, 비자는 서주 효왕(孝王)의 말 사육과 조련에 공을 세워 효왕에 의해 '견수(汧水)와 위수(渭水)가 만나는 지역'에 해당하는 진수〔秦水: 감숙성 청수 일대 혹은 섬서성(陝西省) 보계현 경내〕 땅에 봉해지니, 이로부터 비자 일파는 '진(秦)'으로 씨(氏)[247]를 삼았다. 주나라 여왕(厲王) 시기에 서융은 서견구의 대락족을 공격해 멸망시켰다. 주의 선왕(宣王)이 즉위하자, 비자의 증손인 진중(秦仲)이 대부(大夫)[248]가 되어 융 정벌에 나섰으나 승리하지 못하고 융 땅에서 전사했다. 진중의 아들 진장공(秦莊公)은 처음으로 서융을 격파한 다음, 서견구를 수복하고 그곳에 거주했다. 장공의 아들 양공(襄公, 기원전 778~기원전 766)이 주나라가 동천(東遷)[249]할 때 평왕(平王)의 호송에 공을 세워 평왕에 의해 제후로 봉해지니, 진의 입국(立國)[250]은 이로부터 비롯되었다.

진의 영토를 살펴보면, 처음에는 감숙성 남부와 섬서성 서부의 위수 유역의 대부분을 차지하고 있었다. 진은 점차 섬서·감숙 경내의 서융의 여러 부족을 병합하고, 위수를 따라 동진해나갔다. 황하(黃河)와 효함(崤函)[251]의 변경 지대를 넘어 삼진(三晉)으로 진공했으며, 섬서성 상락(商洛) 지구를 지나 초(楚)나라로 진입했고, 섬서성 한중(漢中) 지구를 넘어 파촉(巴蜀)으로 진입했으며, 파촉에서 다시 초나라로 진공했다.

춘추 초기 주의 동천에 따라 주나라 사람들이 섬서성 경내에서 물러난 후, 진은 동으로 진출하면서 융을 침략하고 정벌하는 일에 힘을 기울여 주의 옛 땅을 수복했다. 기원전 762년 진 문공(文公, 기원전 766~기원전 716 재위)은 '견수와 위수가 만나는 지역'을 수복하고 도읍을 옮겼다. 기원전 753년 진은 '비로소 역사 기록을 지니게 되었다'. 기원전 750년 진 문공은 영토를 확장해 기(岐: 섬서성 부풍·기산 일대)에까지 이르러 주나라의 유민을 거두었다. 기원전 677년 진 덕공(德公, 기원전 678~기원전 676 재위)은 옹(雍: 섬서성 봉상현 동남)으로 천도했다.

춘추 중기, 진은 계속해서 동쪽을 향해 영토를 넓혀나갔다. 진 목공(穆公, 기원전 660~기원전 621 재위)은 진(晉)나라에서 일어난 '여희(驪姬)의 난'[252]을 이용해 일찌감치 진의 하서(河西) 지역을 탈취했다. 그러나 진(晉)에서는 문공(文公)이 즉위해 점차 예전의 강성한 상태를 회복하기에 이르렀다. 기원전 627년 진(晉)은 효산에서 진군(秦軍)을 대패시켜 진의 동진 기세를 저지했다. 진(秦)은 마침내 유여(由余)[253]의 계책을 써서 융을 정벌해 '12개의 나라를 더하고, 1,000리의 땅을 열어' 서융의 패자(霸者)라 칭해졌다. 목공 이후, 진(秦)과 진(晉)은 장기간에 걸쳐 하서 지역을 두고 전투를 벌였는데, 승리는 적고 패배가 많아 진(秦)은 점차 열세에 놓이게 되었다. 진(晉)나라의 공실(公室)[254]이 쇠퇴하고 6경(卿)[255]이 강대해지면서 양국 사이의 싸움은 일시 소강 상태에 들어갔다.

전국 초기 여공공(厲共公, 기원전 477~기원전 443)에서 출자

(出子, 기원전 387~기원전 385)까지 7대에 걸쳐 진은 오랫동안 내란에 휩싸여 대외 문제에 힘을 쏟을 겨를이 없었다. 이 틈을 타 위(魏)나라가 진의 하서 지역을 탈취하고, 진으로 하여금 낙수(洛水) 이서로 물러나 지키지 않을 수 없게끔 만들었다. 얼마 후 이러한 상황에서 진국의 내부 모순은 다소 완화되어 일련의 개혁을 진행할 수 있게 되었다. 기원전 409년 진(秦) 간공(簡公, 기원전 415~기원전 400 재위)은 '관리로 하여금 처음으로 검을 차게'[256] 했다. 이듬해에는 '처음으로 조(租)[257]를 거두었다'.

전국 중기 진 헌공(獻公, 기원전 385~기원전 362 재위)은 역양(櫟陽: 섬서성 임동 북쪽 위수 북안)으로 도읍을 옮겼다. 기원전 384년 헌공은 '순장(殉葬)'을 금지시켰다. 기원전 378년 진은 처음으로 '시장(市場)'을 열었다. 기원전 375년 진은 '호적상오(戶籍相伍)'[258]를 실시했다. 기원전 364년 진은 위나라의 군대를 석문(石門)에서 크게 패퇴시켰다. 진의 효공(孝公, 기원전 362~기원전 338 재위)이 즉위해 인재를 찾는다는 영을 내리자 상앙이 위(魏)에서 진으로 찾아왔다. 기원전 356년 효공은 상앙을 임용하고 변법(變法)[259]을 단행해, 십오(什伍)의 연좌제[260]와 민호 분리 제도를 실행했다. 또한 전공(戰功)의 대소를 살펴 작위 등급을 주는 이십등작제(二十等爵制)를 제정했다.[261] 밭갈이와 베 짜기를 장려하고 수확이 많으면 요역(徭役: 국가에서 구실로 시키는 노동)을 면제해주었다.[262]

진은 다시 강대해져 위군을 공격해 잇따라 패배시켰으며, 기원전 350년에 함양으로 천도하고 소읍들을 병합해 31개(일설에는 40개)의 현(縣)을 두었고, 또한 '천맥(阡陌)'[263]을 정비했다. 기원전 348년에는 처음으로 '부(賦)'[264]를 징수했다. 기원전 338년, 효공이 세상을 떠나고 혜문군(惠文君, 기원전 338~기원전 311 재위)이 즉위하자 상앙은 거열형(車裂刑)[265]에 처해졌다. 그러나 진의 변법은 결코 폐지되지 않았고, 국력은 끊임없이 증강되었다. 기원전 324년 혜문군은 '왕(王)'을 칭하고 연호를 제정했다.[266] 이 시기를 전후해 동방 6국이 연합해서 진을 침공했다. 진은 이를 격파하고 파(巴)·촉(蜀)마저 멸망시키니 진의 영토는 일거에 확대되었다.

전국 말기에 진은 다시 동방을 향해 한 걸음 나아가 영토를 확장하고, 계속해서 한(韓)·위·초의 영토를 병탄했다. 기원전 288년 제(齊)와 진(秦)이 각기 동제(東帝)와 서제(西帝)라 칭해졌으나, 즉시 그 칭호를 포기했다. 이듬해 소진(蘇秦)과 이태(李兌)[267]가 조·제·초·위·한의 5국을 합종시켜 진을 공격하여 성고(成皐)에서 승리를 거두었다. 패배한 진이 조와 위가 잃었던 영토의 일부를 돌려주고 화친을 요청하니 진의 동진 정책은 일시 좌절되었다. 그러나 6국 사이에 갈등이 잇따라 일어나면서 제·연은 모두 한번 쇠퇴한 후 다시는 흥기하지 못했다. 진은 이 기회를 틈타 동방을 향해 영토 확장을 계속해서 기원전 260년 장평(長平)에서 강적 조나라를 대파했다.[268] 진은 기원전 256년에 서주(西周)를 멸망시키고, 기원전 249년에는 동주(東周)를 멸망시켰다. 기원전 247년 위나라 신릉군(信陵君)이 5국 군사를 규합한 다음 진을 공격해 진군을 하외(河外)에서 패퇴시켰다. 기원전 241년에는 조나라 방난(龐煖)이 조·초·위·연·한의 5국 병사를 이끌고 진을 공격했다. 그러나 그들은 결코 진의 강성함을 저지할 수 없었으며 6국의 쇠락은 대세가 되어갔다. 기원전 230년 진은 한나라를 멸망시켰다. 기원전 228년에 진이 조나라를 격파하고 조왕 천(遷)을 포로로 삼으니, 조의 공자 가분대(嘉奔代)가 자립해 대왕(代王)이 되었다. 기원전 226년 진이 연을 깨뜨리고 계(薊)를 쳐서 빼앗자 연왕 희(喜)는 요동(遼東)으로 천도했다. 진은 기원전 225년에 위를, 기원전 223년에 초를, 기원전 222년에 연과 대를 멸망시켰다. 기원전 221년에 진은 제나라를 멸망시켰다. 열국이 모두 진에 의해 합병되었고, 이로부터 진왕 정(政)은 시황제(始皇帝)라 칭해진다.

(2) 진시황제의 통일 정책

진시황제는 중국을 통일한 진나라의 개국 황제로 이름은 정(政)이다. 전국 진나라 장양왕(莊襄王, 기원전 250~기원전 247 재위)의 아들로 13세에 왕좌에 올라 39세에 황제라 칭했는데 재위 기간은 37년이었다.

전국 말기에 이르러 제후국이 할거하는 상태에서 천하 통일을 지향하는 추세는 더욱 뚜렷해져갔다. 당시에 진국의 실력은 최강으로, 동방 6국을 통일할 능력을 충분히 갖추고 있었다. 진왕 정이 처음 즉위했을 때 국정은 상국(相國)[269] 여불위(呂不韋, ?~기원전 235)와 환관 노애(嫪毐, ?~기원전 238)가 장악하고 있었다. 기원전 238년, 진왕은 직접 국사를 다스리기 시작했다. 진왕은 노애의 난을 평정하고 여불위를 상국에서 파직시킨 다음 그의 추종자들을 촉군(蜀郡)으로 옮기게 했다. 아울러 울료(尉繚)[270]와 이사(李斯, ?~기원전 208)[271] 등을 임용해 천하 통일의 전략과 책략을 나누어 맡겼다. 기원전 230년부터 기원전 221년까지 진왕은 한·위·초·연·조·제의 6국을 차례로 멸망시키고, 마침내 중국 역사상 최초의 통일국, 다민족·전제적 중앙 집권 국가인 진 왕조를 건립했다.

진왕 정은 천하를 통일한 자신의 공덕을 빛내고 지고무상한 권위를 확립하기 위해 '황제'라는 존호(尊號)를 창시했다. 스스로를 시황제라 칭하고 자손은 2세, 3세…1만 세에 이르도록 대대로 전승될 것임을 선포했다. 뒤이어 그는 정치·경제·문화·사상 방면에 걸쳐 통일된 중앙 집권 국가를 공고히 하기 위한 일련의 조치들을 단행했다. 그는 봉건 제도를 폐지하고 군현제를 실시했다. 황제의 직접 통제하에 중앙에서 군현까지 일련의 관료 기구를 설치했으며, 진국이 본래 보유하고 있던 법률에 6국 법률의 일부 조문을 흡수해서 통일 법률을 제정하고 반포했다. 모든 율령(律令)[272]은 정기적으로 어사(御史)[273]의 검토를 받았으며 중복되거나 고쳐 쓰는 일은 허락되지 않았다. 6국 귀족과 부호들을 관중(關中)과 파촉(巴蜀)으로 이주시켜 그들의 분열을 꾀하고 재기를 방지했는데, 함양으로 옮긴 호구의 수는 12만에 달했다. 또한 민간의 무기 소유와 은닉을 금지하는 영을 내리고, 몰수해 얻은 무기들을 녹여 12좌(座)의 동상을 주조해서 궁궐 앞에 전시했다. 경제 방면에서는 농업을 중시하고 상업을 억누르는 정책을 대대적으로 추진해 토지 사유제 발전을 촉진시켰다. 시황제 31년(기원전 216), '검수(黔首)[274]의 토지 매매를 허용한다'는 영이 내렸다. 즉 토지를 소유한 지주와 자영농이 정부에 토지 액수를 신고하고 부세(賦稅)만 납부하면 그 토지의 소유권은 즉시 조정의 승인과 보호를 받았다. 동시에 상앙이 제정한 도량형을 통일된 전국 도량형 제도의 기준으로 삼았다. 전국 시기에 통용된 각국의 화폐를 폐지하고 천하의 화폐를 통일시켰다. 전국의 수륙(水陸) 교통을 발전시키고자 '수레의 폭을 통일'하는 정책을 실시했다. 옛 동방 여러 나라의 성곽을 허물었고, 함양에서 연·제와 오·초 지구로 통하는 치도(馳道)[275]를 건설했으며, 함양에서 운양(雲陽: 섬서성 순화현 서북)을 거쳐 구원(九原: 내몽골 자치구 파오토우 서쪽)에 곧바로 이어지는 직행 도로를 추가로 닦았고, 서남 지구에는 '오척도(五尺道)'[276]를 수축(修築)했으며, 상강(湘江)과 이강(漓江)의 운하를 굴착(掘鑿)해서 소통시켰다.

문화·사상 방면에서는 진나라에서 유통하던 문자를 기본으로 소전(小篆)[277]을 제정해 문자의 표준으로 삼아 전국에 반포했다. 아울러 전국 시기 음양가(陰陽家)[278]의 오덕종시설(五德終始說)[279]을 차용해 전제주의 통치의 이론적 근거를 만들었다. 진은 수덕(水德)을 얻었는데, 수(水)의 색은 흑(黑)이며 종수(終數)는 6으로 의복·깃발 등은 모두 흑색을 숭상했고, 통행증·관리의 모자·수레 등의 제도도 모두 6으로 그 수를 삼았다. 수는 음(陰)을 주관하며 음은 형벌과 살인을 대표하므로, 엄형을 가중시키고 혹법을 실시하는 근거가 되었다. 시황제는 치세 34년(기원전 213)에 승상 이사(李斯)의 건의를 채택해 민간이 소장한 《시(詩)》, 《서(書)》, 제자백가(諸子百家)의 서책을 불태우고 사학을 금지한다는 영을 하달했다. 뒤이어, 불사약과 불로초를 구해 오겠다고 떠난 후생(侯生)과 노생(盧生)이 돌아오지 않자 유생과 방사(方士)[280] 400여 명을 끌어들여 함양에 구덩이를 파 전부 묻어 죽였다.

시황제는 즉위 후에 몽념을 보내 병사를 이끌고 흉노를 공격하게 하니, 몽념은 하남(河南)[281]을 수복하고 흉노를 음산(陰山) 이북으로 퇴각시켰다. 나아가 흉노의 침략을 막기 위해 전국 시기 진·조·연 세 나라의 북변 장성을 연결해, 서쪽으로는 임조(臨洮: 감숙성 민현)에서 시작해 동쪽으로는 요동에 이르는 만리장성을 수축했다. 양자강 하류의 남쪽 백월(百越) 지구를 정복한 다음에는 계림(桂林)·상군(象郡)·남해

(南海) 등의 군을 설치했다. 시황제 말년에 진나라 군의 수효는 통일 초기의 36군에서 40여 군으로 증가했다. 그 판도는 '동쪽으로는 바다와 조선에 미쳤고, 서쪽으로는 임조와 강중(光中)에 이르렀으며, 남쪽으로는 북향호(北向戶)에 이르렀고, 북쪽으로는 황하를 요새로 삼아 음산을 아우르고 요동에 도달했다'[282].

시황제는 대단한 성과를 올린 정치가였다. 그는 날마다 스스로 대량의 상주(上奏) 문서를 처리했는데, 규정된 수량을 채우지 못하면 결코 휴식을 취하지 않았다. 다만 고집불통이어서 남의 의견을 듣지 않았고, 형살(刑殺)을 무기로 위엄을 갖추었으므로 대신들은 모두 죄를 얻을까 두려워해 감히 그의 과실을 지적하는 의견을 개진하지 못했다. 또한 시황제는 6국을 통일한 후에는 호화로운 아방궁(阿房宮)과 여산릉(驪山陵)[283]을 축조했으며, 모두 5차에 걸친 순수(巡狩)[284]에 나서 명산과 명승지의 바위에 공적을 새겨 성가와 위엄을 빛냈다. 그리고 불로장생의 선약(仙藥)을 구하고자 방사 서불(徐巿: 서복이라고도 한다)을 보내 동남동녀 수천 명을 이끌고 동해에서 신선과 불로초 등을 찾게 했다. 시황제가 이렇게 엄청난 재력과 인력 소모를 불러와 백성의 고난이 가중되어갔다.

시황제는 그 무엇보다도, 지배 계층이란 수많은 백성을 상대로 정치적 압박과 경제적 착취를 실행할 수 있다고 생각해 피지배층의 반발을 불러일으켰다. 6국 귀족의 잔존 세력

역시 이 기세를 타고 반진(反秦) 활동에 가담했다. 시황제는 29년(기원전 218)에 동으로 순유(巡遊)했을 때, 박랑사(博浪沙: 하남성 중모현 서북)를 통과하다가 자객의 습격을 받았다. 36년(기원전 211)에는 동군(東郡)에 운석이 떨어졌는데, 어떤 사람이 그 돌에 '시황제가 죽고 땅이 나누어지리라'라고 새겼다. 이듬해 시황제는 순유에서 돌아오다가 평원진(平原津)에서 병을 얻었다. 그는 병이 낫지 않을 것임을 깨닫고, 조서를 작성해 상군감(上郡監) 몽념의 군대에 머무르고 있던 장남 부소(扶蘇)에게 속히 함양으로 돌아와 장례를 치르고 제위를 계승하라는 명을 내렸다. 행렬이 사구(沙丘: 하북성 광종현 서북)에 이르렀을 때 시황제는 병으로 세상을 떠났다. 중거부령(中車府令) 조고(趙高)는 시황제의 차남 호해(胡亥) 및 승상 이사(李斯)와 공모해, 호해를 태자로 삼고 부소에게는 죽음을 내린다는 내용으로 유조(遺詔)를 위조했다. 진의 이세황제 호해가 즉위한 후 백성에 대한 착취와 압박은 더욱 심해지고 사회 모순은 격화되었다. 마침내 이세황제 원년(기원전 209)에 진승과 오광이 영도하는 대농민 반란이 발생했고, 오래지 않아 진 왕조는 멸망했다.

(3) 진의 이세황제 호해의 통치

진 왕조의 제2대 황제 호해(기원전 209~기원전 207 재위)는 시황제의 둘째 아들이다. 그는 어린 시절에 중거부령 조고로부터 율령을 배웠고, 시황제가 치세 37년(기원전 210)에 병사하자 조고와 이사의 도움으로 태자가 되었으며, 나아가 제위를 계승해 이세황제라 불렸다.

호해는 즉위 후에 시황제의 후궁 중에서 자식이 없는 여인은 모두 살해하라는 영을 내렸으며, 여산의 진시황릉 지하에 기노(機弩)²⁸⁵를 설치한 장인들을 모두 산 채로 묘지 속에 매장해버렸다. 그는 여러 공자(公子)와 대신들이 불복할까 봐 조고와 몰래 의논한 다음, 새로이 법률을 만들어 공자와 공주 20여 명과 시황제 가까이에서 신임을 받았던 대신 몽념과 몽의(蒙毅) 등을 주살했다. 이때 연루된 자의 수는 헤아릴 수 없이 많았다. 호해의 형벌이 날로 혹심해지자 신하들과 백성들은 진 왕조의 운명이 위태롭다고 생각했다. 호해는 또 시황제의 악정을 물려받아, 아방궁 등의 토목 공사를 계속했고 재사(材士) 5만 명을 징발해 함양에 주둔시켜 지키게 하고, 길짐승과 날짐승의 사냥을 가르치게 하니, 먹여 살려야 할 사람의 수효가 많아져 마침내 군현으로 떠넘기기에 이르렀다. 이로써 백성의 조세 부담은 날로 무거워지고 수자리와 요역은 끝이 없었다. 이세황제 원년(기원전 209) 7월에 여좌(閭左)²⁸⁶가 변방 수자리에 징발되었는데, 결국 진승·오광의 반란이 초래되어 그 후 반진 투쟁이 관동 지역을 휩쓸었다. 이세황제는 신하들에게 더욱 심한 책임을 부과해, 백성에게서 세금 징수를 잘하면 명리(明吏), 사람을 많이 죽이면 충신으로 취급했다. 당시의 길거리에는 형을 받은 자가 절반에 달했으며, 저 잣거리에는 사체가 쌓여갔다. 호해는 조고의 참언(讒言)을 믿고, 좌승상(左丞相) 이사를 죽이고, 우승상(右丞相) 풍거질(馮去疾)과 장군 풍겁(馮劫)을 자살로 내몰았다. 얼마 후에 조고를 중승상(中丞相)에 임명하고 그가 조정을 함부로 농단하는 것을 방관하니, 백성들이 반발하고 친근한 인물마저 등을 돌려 호해는 고립무원의 상태에 빠졌다. 이세황제 3년(기원전 207) 7월, 장함·왕리(王离)가 이끄는 진군의 주력 부대가 항우와 유방이 인솔하는 반란군에 투항한 뒤 무관(武關)을 공격해 함락시켰다. 조고는 처벌받을 것이 두려워 사위인 함양령(咸陽令) 염락(閻樂)과 모의하고 이세를 납치해 망이궁(望夷宮)에 유폐시켰고, 거짓으로 조서를 꾸며 군사를 일으키고 궁을 포위한 뒤 이세황제에게 자살하라는 영을 내렸다.

(4) 진승·오광의 반란

진의 이세황제 원년(기원전 209) 7월, 900명의 무리가 어양(漁陽: 북경시 밀운)에서 여좌 수자리를 지내기 위해 길을 떠났다. 도중에 비를 만나 대택향(大澤鄉: 안휘성 숙현)에서 지체하게 된 이들은 정해진 기일 내에 어양의 수자리 현장에 당도할 수 없게 되었다. 당시의 진나라 법은 '기한을 어기는 자는 참수(斬首)한다'는 것이어서 수졸들의 낯빛은 사형의 위협으로 질려 있었다. 바로 이때 진승과 오광이 영도하는 중국 역사상 최초의 농민 반란의 깃발이 올랐다.

　진승, 즉 진섭은 양성(陽城: 하남성 등봉현)의 소작농 출신이었고, 오광 또한 양하(陽夏: 하남성 태강현)의 소작농 출신이었다. 그들은 모두 수졸의 둔장(屯長)[287]이었다. 반란이 일어나자, 그들은 비단에 '진승왕(陳勝王)' 세 글자를 써서 고기 뱃속에 넣어놓았다. 수졸들이 고기를 사서 먹은 후 그 글을 발견하고는 모두가 신기한 일이라 여겼다고 한다. 오광은 또한 한밤중에 주둔지 곁 수풀 속의 사당에 모닥불을 피우고 여우 울음소리를 내면서 '대초흥(大楚興),[288] 진승왕'이라고 울부짖었다. 진승과 오광은 수졸들을 거느리고 그들을 인솔해 온 진나라의 장수를 죽이거나 압송했고, 이미 사사된 진의 공자 부소와 옛 초나라 장군 항연(項燕)의 명의로 농민더러 반진 활동에 나서라고 호소했다. 농민들은 주위의 나무를 베어 깃대로 내걸면서 잇따라 반란군에 가담했다. 반란군은 군사를 나누어 동진했는데, 주력은 서쪽을 향해 진공하면서 하남성 동부, 안휘성 북부의 질(銍), 찬(酇), 고(苦), 자(柘), 초(譙) 등의 여러 현을 계속해서 함락시켰다. 그들이 진(陳: 하남성 회양현)에 이를 무렵, 이미 반란군은 수만 명이 넘는 거대한 대오를 이루게 되었다.

　반란군의 영향을 받아 수많은 군현의 농민들이 수령을 살해하고 진승에게 호응했다. 특히 옛 초나라 지역의 경우 사람들이 수천 명씩 모여드는 광경을 도처에서 볼 수 있었다.

얼마 동안 민간 사회에 잠복해 있던 6국의 구 귀족, 유사(游士),[289] 유생 모두가 이 기회를 틈타 돌아와 반란 대열에 합류했다. 그들은 옛날의 지위를 이용해 농민군 사이에서 영향력을 발휘하기 시작했다. 심지어 유사 장이(張耳)와 진여(陳餘)처럼 진승더러 사람을 파견해 '6국의 후예를 세우라'고 권유하는 사례도 나타났다. 진승은 이 제안을 일언지하에 거절했다. 자립한 진승은 '장초왕(張楚王)'이 되어 병사를 3로로 나누어 진을 공격했다. 오광은 '가왕(假王)'이 되어 서쪽으로 형양(滎陽)을 공략했고, 무신(武臣)은 조나라 지역을 향해 북진했으며, 위나라 출신 주시(周市)는 위 지역을 공격했다. 오광군이 형양에서 저항에 직면하자, 진승은 주문(周文)을 구원군으로 보내 서쪽의 진을 공격케 했다.

주문군의 군세는 급속도로 늘어나 전차 1,000승(乘)과 졸병 10만 명까지 헤아리게 되었다. 주문은 진격을 거듭해 함양과 근접한 관중의 희(戲: 섬서성 임동현 경내)에까지 이르렀다. 진의 이세황제는 놀라서 어쩔 줄 몰랐고, 여산릉을 축조하던 형도(刑徒)[290]를 징발해 병사로 삼고 소부(少府) 장함으로 하여금 군사를 거느리고 응전케 하니, 장함은 주문군과 대적해 승리를 거두었다.

무신이 옛 조나라의 도성 한단(邯鄲)을 점령하고, 조왕(趙王)이 되어 자립하라는 장이와 진여의 권유를 따르자, 진승은 승인할 수밖에 없었다. 무신도 명을 어겨 주문을 구원하지 않았고, 오히려 한광(韓廣)을 파견해 연 지역을 탈취했다. 한광은 연나라 구 귀족의 권유에 따라 역시 자립해 연왕이 되었다.

주시는 진격을 거듭해 옛 위의 남부와 옛 제의 경내에까지 이르렀다. 옛 제의 귀족 전담(田儋)이 자립해 제왕이 되어 주시에게 맞섰다. 주시는 위 지역에서 옛 위의 귀족 위구(魏咎)를 위왕으로 세우고 스스로 위의 승상이 된 다음, 진승에게 사람을 파견해 그곳에서 위구를 영접했다.

구 귀족 세력은 매우 적극적으로 활약하면서 농민 반란군의 대오를 흩뜨려버렸다. 진승은 경험이 부족하고 우유부단한 사람으로 분열 국면의 형성을 바라볼 수밖에 없었다. 진승은 주변의 인물조차 단합되지 않는 현상을 보아야만 했다.

진의 장수 장함의 군대가 주문을 연패시키자 주문은 자결했다. 장함이 동으로 진격해와 형양에 육박하자 오광의 부장 전장(田臧)이 오광을 살해하고 장함에게 맞서 싸웠으나 한 번의 싸움에서 패해 전사하고 말았다. 장함이 진격해 진(陳)에 이르자, 진승은 패퇴해 성보(城父: 안휘성 와양현 동남)로 물러나고 이후 반란을 일으킨 장가(莊賈)에 의해 살해되니, 진현 수비는 실패로 돌아갔다. 진승의 부장 여신(呂臣)이 '창두군(蒼頭軍)'[291]이라고 명명한 무리를 이끌고 용감하게 접전을 벌여 진현을 수복하고 장가를 처형했다. 진승은 반진 운동의 선구자가 되어 반란을 선도했으나, 겨우 반년 만에 실패를 맛보았다. 그러나 진승에 의해 촉발·고조된 반진 운동의 물결은 진의 통치에 끊임없이 충격을 주었다.

4. 가의 관련 연표

〔괄호 안의 숫자는 사건이 발생한 달(음력)을 가리킨다.〕

황제(서력)	가의의 나이	가의의 생애와 저작	전한의 국가 대사
高祖 7(기원전 200)	1	낙양(洛陽)에서 출생.	고조, 평성에서 흉너에 대패(10).
8(기원전 199)	2		
9(기원전 198)	3		흉노와 화친 체결(10).
10(기원전 197)	4		
11(기원전 196)	5		한신, 모반죄로 피살(1). 조타, 남월왕이 됨(5). 구현령 반포(7).
12(기원전 195)	6		고조 사망(4). 혜제 즉위(5).
惠帝 1(기원전 194)	7		
2(기원전 193)	8	·	소하 사망(7).
3(기원전 192)	9		
4(기원전 191)	10		협서율 폐지(3).
5(기원전 190)	11		조참 사망(8), 장안성 완성(9).
6(기원전 189)	12		장량 사망.
7(기원전 188)	13		혜제 사망, 유공이 소제로 즉위. 여후의 섭정 시작(8).
高后 1(기원전 187)	14		삼족죄 및 요언령 폐지.
2(기원전 186)	15		물가 등귀로 반량전 다시 사용(7).
3(기원전 185)	16		양자강·한수 범람해 유민 4천 발생.
4(기원전 184)	17		여후 소제 살해, 유홍을 소제로 삼음.
5(기원전 183)	18	시서 암송과 작문에 능해 군내에 알려짐. 하남수 오공이 명성을 듣고 문하에 두고 총애.	남월왕 조타, 남무제라고 칭함.
6(기원전 182)	19		

황제(서력)	가의의 나이	가의의 생애와 저작	전한의 국가 대사
高后 7(기원전 181)	20		
8(기원전 180)	21		여후 사망(7), 문제 즉위(9).
文帝 1(기원전 179)	22	오공이 정위가 되면서 가의를 추천. 문제, 가의를 박사에 임명하고 그해 안에 태중대부로 승진시킴. 〈논정제도흥예악소〉, 〈거부〉.	
2(기원전 178)	23	〈논적저소〉, 〈과진론〉.	진평 사망(10).
3(기원전 177)	24	역법·복색·제도·관직명·예악 등의 개혁안을 건의해 일부가 채택됨. 문제, 가의를 공경의 직에 임명하려 했다가 주발 등의 반대에 부딪혀 취소하고, 가의를 장사왕의 태부로 좌천시킴. 〈조굴원부〉.	
4(기원전 176)	25	〈석서〉.	흉노, 월지·누란·오손 등을 평정(1).
5(기원전 175)	26	도전령 폐지 반대 상소(4).	협전 가치 폭락해 곡가 등귀 문제, 도전령 폐지(4). 촉과 오에서 주조된 동전이 천하에 유포.
6(기원전 174)	27	〈복조부〉.	흉노, 묵특선우 사망하고 노상선우 즉위(11).
7(기원전 173)	28	문제, 가의를 불러 시정을 논함. 제후왕 견제 위한 중건제후책 주장. 양회왕 태부로 발령. 〈논시정소(=치안책)〉	
8(기원전 172)	29	〈간립회남제자소〉, 〈상도수소〉.	
9(기원전 171)	30	〈한운부〉.	《금문상서》 출현. 큰 가뭄 발생(봄).
10(기원전 170)	31		
11(기원전 169)	32	양회왕, 낙마로 사망. 문제, 가의의 뜻에 따라 회양왕을 양왕으로 임명. 〈청봉건자제소〉.	흉노 침입 잦아 문제 사민실변 실시.
12(기원전 168)	33	양회왕 사후 상심·곡읍하다 세상을 떠남.	황하 제방 붕괴(12).
16(기원전 164)		문제, 가의의 계책대로 제의 문왕 사후 6국으로 분봉.	
후원 7(기원전 157)		문제 사망하고 경제 즉위.	
景帝 3(기원전 154)		삭번 정책 실시로 인해 오초 7국의 난 반발.	
武帝 원수 원 (기원전 122)		회남왕 유안의 반란.	

144

5. 가의 관련 지도

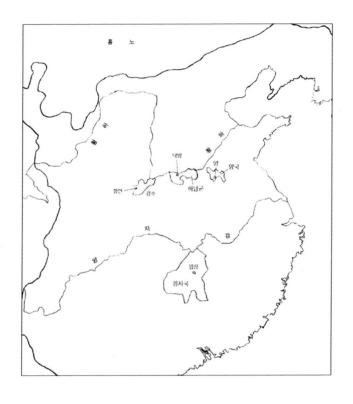

1 조익(趙翼) 찬(撰),《이십이사차기(二十二史箚記)》1권, "과진론 세 곳
  인용(過秦論三處引用)".

2 전한 말기의 학자, 역사가. 경전에 능통해서 원제(元帝)·성제(成帝)
  시기에 박사로 활약했다. 사마천(司馬遷)이 편찬한《사기(史記)》의
  여러 부분을 보충한 인물로 유명하다.

3 고려 왕조에서는《문선(文選)》을 고문 학습의 텍스트로 사용했기
  때문에 조선조에 비해《고문진보(古文眞寶)》가 널리 읽히지 않았다.

4 근대 이전, 중국에서는《고문진보》를 그다지 중시하지 않았다. 뿐만
  아니라《고문진보》는 청나라 건륭제(乾隆帝, 1735~1796 재위) 때 고
  금의 모든 도서를 모아 편찬한《사고전서(四庫全書)》에 포함되어 있
  지 않다. 편찬자가 향촌의 무명 사대부이며, 그의 행적 또한 사서에
  나타나 있지 않기 때문으로 짐작된다.

5 《고문관지(古文觀止)》에는《문선》에 실려 있지 않은 경(經)·사(史)
  계열의 작품이 많이 들어 있다.

6 실례를 하나만 들어보겠다. "석강(夕講)에 나아갔다.《전한서(前漢
  書)》를 강(講)하다가 〈가의전(賈誼傳)〉의 치안책에 '풍속을 옮겨 바
  꿔서 천하로 하여금 도(道)를 향(向)하게 하는 것은 속리(俗吏)의 능
  히 할 바가 아니다'라고 한 데 이르러 참판(參判) 김종직(金宗直)이

아뢰기를…"〔성종(成宗) 15년(1484) 11월 12일〕.

7   효공(孝公)은 진(秦) 시황제(始皇帝)의 6대조다. 효공의 치세에 이르
    러 진나라가 강성해지기 시작해 천하 통일의 기초를 이루었으므로
    효공의 사적부터 서술한 것이다. 진나라의 역사와 효공의 통치에
    관해서는 〈해제〉를 참조하라.

8   서효산(西殽山)과 동효산(東殽山)을 합쳐서 일컫는다. 하남성(河南
    省) 섬현(陝縣) 동남부에 해당한다. 효산 부근은 지세가 험난한데,
    옛날부터 장안(長安)과 낙양(洛陽)을 잇는 교통의 요지였다.

9   하남성 영보현(靈寶縣) 서남부에 해당한다. 서효산 골짜기에 있었는
    데 깊고 험한 모양이 상자(函)를 닮아 이렇게 불렸다. 함곡관은 서
    방의 진과 동방의 6국을 구분하는 경계로, 중국 고대사에서 중요한
    의미를 지니는 장소다.

10 중국에서 가장 오래된 지리서인 《우공(禹貢)》에 실려 있는 9주(九
    州) 중의 하나. 섬서성(陝西省)·감숙성(甘肅省)의 대부분과 청해성(靑
    海省)·영하회족자치구(寧夏回族自治區)의 일부에 해당한다. 당시에
    는 관중(關中)의 요충지였다.

11 글자 그대로의 뜻은 '팔방의 끝까지'지만, 여기에서는 천하, 사해와
    같은 의미로 사용되었다.

12 위(衛)나라 출신으로, 진의 효공을 도와 진나라의 개혁을 주도한 인
    물. 상앙의 개혁은 대성공을 거두었으며, 진이 천하를 통일하는 데
    원동력이 되었을 뿐만 아니라 동아시아 고대 사회 통치자들의 기본
    방침이 되어 서구화될 때까지 지속되었다.

13 소진(蘇秦)의 합종책을 깨뜨릴 목적으로 진나라가 채택한 외교술.
    전국 7웅 가운데 6국이 합종해 진을 따돌리고 합종책을 체결하자,
    진은 위(魏)나라 출신 장의(張儀)가 제창한 연횡책을 이용해 6국의
    동맹을 와해시키고 단독으로 동맹을 맺는 계책을 사용함으로써 효

과를 보았다. 합종책과 더불어 각국의 세력 형성에 주요한 역할을 수행했다.

14 섬서성 동부, 황하의 서안 지역. 본래 위(魏)나라 땅이었다.

15 혜문왕(惠文王)은 효공의 아들이고, 무왕(武王)은 혜문왕의 아들이며, 소양왕(昭襄王)은 무왕의 아우다. 진은 혜문왕 때부터 왕호(王號)를 사용하기 시작했다.

16 진령산맥(秦嶺山脈)과 대파산맥(大巴山脈) 사이에 위치한 한수(漢水) 상류 지역. 원래 초나라 땅이었다.

17 '남쪽'을 잘못 쓴 것이다. 기원전 350년에 효공이 천도한 함양(咸陽: 섬서성 함양 동북)은 관중에 속하는 곳이다. 진이 자리 잡은 관중에서 남으로 진령산맥을 넘으면 한중, 한중에서 다시 남쪽으로 대파산맥을 지나면 파와 촉이 나온다. 동서남북 네 방향에 대응시키기 위해 쓴 듯하다. 판본에 따라서는 "북쪽으로는 요충지에…"라는 구절에서 '북'이 빠져 있는 경우도 있다.

18 파(巴)는 지금의 성도(成都), 촉(蜀)은 지금의 중경(重慶) 지역을 가리킨다. 둘을 합해 사천성이라 하기도 한다.

19 회맹(會盟)이란, 춘추전국 시기에 정치상의 현안이 있을 경우 제후들이 모여 논의했던 모임이다. 회맹은 패자가 되기 위한 통과 의례였는데, 회맹 이후에 국제 질서의 흐름이 달라지곤 했다.

20 동주의 소진이 제창한, 전국 시기 각국 사이의 동맹에 관한 외교술. 동방 6국이 동맹해 가장 강한 서방의 진나라에 대항하자는 것이었다. 합종책의 성공으로 소진은 6국의 재상이 되어 10년간 영화를 누렸으나, 진이 장의가 내세운 연횡책을 채택해 성공을 거두자 합종책은 실패로 돌아갔다. 소진과 장의는 귀곡자(鬼谷子)에게서 함께 수학한 동문이었다. 주 13을 참조하라.

21 제나라 선왕(宣王)의 이복동생으로 이름은 전문(田文). 식객 3,000

을 헤아렸던 인물이다.

22 이름은 조승(趙勝)으로, 조나라 무령왕(武靈王)의 아들이자 혜문왕
    의 아우였다.

23 이름은 황헐(黃歇)이며, 20여 년 동안 초나라 재상을 지냈다. 고열
    왕(考烈王)이 춘신군(春信君)으로 봉했다.

24 위나라 안리왕(安釐王)의 이복동생으로 이름은 위무기(魏無忌). 맹
    상군(孟嘗君), 평원군(平原君), 춘신군, 신릉군(信陵君)이 이른바 전국
    4군이다. 이들은 모두 왕실의 일족이나 측근으로서 풍부한 재력을
    바탕으로 사병과 빈객을 모아 당시의 정치를 주도했다.

25 맹상군과 춘신군의 나이 차가 40년이나 되는 데서 볼 수 있듯이 이
    들 4군은 같은 시기에 활약하지는 않았다. 가의(賈誼)는 전후 80여
    년에 이르는 6국의 움직임을 이렇게 표현했다.

26 전국 7웅 중에서 진나라를 제외한 동방의 한(韓)·위(魏)·연(燕)·초
    (楚)·제(齊)·조(趙) 여섯 나라를 가리킨다.

27 조나라 사람이다.

28 송나라 사람이다.

29 동주 낙양 사람으로 6국 합종설의 주창자였다.

30 동주 사람이다.

31 동주의 신료였으나 후일 진(秦)·초·한에서 벼슬하면서, 주최(周最)·
    누완(樓緩)과 함께 합종책을 추진했다.

32 동주의 공자로 제나라에서 벼슬했다. 주취(周聚)라고도 한다.

33 초나라 사람으로 진에서 벼슬한 후 초나라에서 출사했다.

34 초나라 사람이다.

35 위와 진에서 재상을 지낸 인물이다.

36 위나라 사람이다.

37 동주 낙양인으로 소진의 아우였다.

38 연나라 소왕 시기의 장수로, 제나라를 정벌해 70여 성을 함락시켰다. 제갈량(諸葛亮)이 초려(草廬)를 나가기 전에 스스로를 견주었던 인물이다.

39 위(衛)나라 출신의 장수이자 병법가. 위문후(魏文侯) 아래서 서하 방어 사령관이 되어 진의 동진을 저지했으며, 초나라 도왕(悼王)의 개혁을 돕기도 했다. 병법서 《오자(吳子)》를 남겼다.

40 병법의 대가 손자의 후예로 제나라 출신이었다.

41 초나라의 장수였다.

42 《여씨춘추(呂氏春秋)》에 따르면, 두 사람 모두 천하의 호걸로 용병에 뛰어났다고 한다. 아량을 예량(倪良)이라고 한 곳도 있다.

43 제나라 장수로 손빈(孫臏)을 군사로 기용했다.

44 조나라의 명장으로 제나라와의 전투에서 큰 공을 세워 상경(上卿)의 지위에 올랐다. 인상여(藺相如)와 더불어, 죽음을 같이할 정도의 사귐을 의미하는 고사성어 '문경지교(刎頸之交)'의 주인공이다.

45 조나라의 장수로, 진을 쳐서 공을 세움으로써 마복군(馬服君)에 봉해졌다. 후한 광무제 시기의 복파 장군 마원(馬援)과 촉한의 오호 장군 마초(馬超)가 그의 먼 후예라고 전한다.

46 장양왕(莊襄王)의 아들로, 통일 후의 진시황제다.

47 효공에서 장양왕에 이르는 여섯 군주를 가리킨다.

48 여기에서 말하는 서주란 은에 뒤이어 성립된 고대 중국의 왕조 서주(대략 기원전 1100~기원전 770)가 아니다. 동주(기원전 770~기원전 256)의 마지막 왕이었던 난왕(赧王)은 자신의 판도를 서주·동주로 나누어 통치했다. 서주는 주나라의 옛 동도 낙양에 도읍했고, 동주는 공(鞏)에 도읍했다. 역사에서는 이를 서주군(西周君)·동주군(東周君)이라고 부르며 서주·동주 왕조와 구별하고 있다. 서주는 진의 소양왕 51년(기원전 256)에, 동주는 진의 장양왕 원년(기원전

250)에 각각 진에 의해 멸망했다.

49 중국 동남부, 월족의 거주 지역. '백(百)'이란 많다는 뜻이다. 오늘날
의 절강성(浙江省)·복건성(福建省)·광동성(廣東省)·광서장족자치구
(廣西壯族自治區)와 베트남 북부까지 여기에 포함된다.

50 진의 시황제 33년(기원전 214)에 30만 대병을 거느리고 흉노(匈奴)
를 북으로 축출한 다음 만리장성 축조를 지휘한 장수. 붓을 만든 사
람이라고 전해지고 있으나 믿기 어렵다.

51 고대 북아시아에서 500여 년 동안 번영했던 유목 기마 민족. 전국
시기에 일어나 남진을 시도해 북방의 연·조·진(秦)과 잦은 전쟁을
벌였고, 진대에는 몽념(蒙恬)에게 격파되어 음산(陰山) 이북으로 퇴
각했다. 진한 교체기에 영걸 묵특선우(冒頓單于)가 부족을 통일한
후, 동호와 대월지까지 정복하고 전한의 고조(高祖) 및 무제와 큰 전
쟁에 돌입했다. 선제(宣帝) 때 내분이 발생해 5선우(單于)로 갈렸으
며, 후한 대에 남흉노와 북흉노로 분열되었고 남흉노는 후한에 귀
순했다.

52 진나라의 수도. 관중 평원에 위치하고 있었다.

53 봉은 병기의 날이고, 적은 화살촉이다.

54 섬서성에 위치한 명산으로 5악 중의 서악(西嶽)에 해당한다. 고대에
화북을 동서로 구분하는 경계 중의 하나이기도 했다.

55 쇠뇌(弩)는 여러 개의 화살을 한꺼번에 발사하는 활이다.

56 중국 고대사에서 중요한 역할을 수행한 지역으로 황하 상류의 위수
(渭水) 분지와 범위가 거의 일치한다. 동서남북 사방에 관문이 설치
되어 있으므로 이렇게 부른다. 진의 도읍 함양(咸陽)과 전한의 도
읍 장안도 여기에 자리했다.

57 진섭(陳涉)은 바로 진승(陳勝)이다.

58 묵가의 창시자인 묵자(墨子). 적(翟)은 그의 이름이다.

59 오나라를 멸망시키고 월왕 구천(句踐)을 패자로 만든 범려(范蠡)는
    관직을 버리고 도(陶) 지역으로 가서 상업에 투신해 축재에 크게 성
    공했다. 도주(陶朱)는 바로 그때 세인들이 범려를 가리켜 사용한 이
    름으로 거부(巨富)의 대명사가 되었다.

60 도주공과 함께 이야기되는, 도주공에게 상술을 배우고 목축업으로
    재부를 쌓은 노(魯)나라의 대부호다.

61 지금의 산동성이 아니라, 고대 중국에서 북중국을 동서로 나누어
    부를 때 동쪽 지역을 가리키던 지리적 명칭이다. 시대와 학자에 따
    라 그 경계를 다르게 보지만 보통 효산, 화산(華山), 태항산(太行山)
    의 셋을 꼽을 수 있다. 산동과 산서는 단순한 지리상의 구분이 아니
    라 정치·경제·사회·문화 등을 달리하는 중요한 개념이다. 전국 시
    기의, 산동 6국과 산서 진의 대립에 따른 역사 전개가 대표적인 실
    례다. 관동과 관서라는 명칭은 함곡관을 기준으로 삼은 것인데 산
    동, 산서와 거의 같은 의미로 사용되었다. 형의전(邢義田),《한대의
    관동·관서와 산동·산서에 관한 시험적 풀이(試釋漢代的關東關西與山
    東山西)》(臺北: 東大圖書公司, 1987) 참조.

62 진에게 멸망당한 동방 6국의 후예를 가리킨다.

63 원문은 "鉤戟長鎩"다.

64 수졸(戍卒). 근대 이전, 성년 남자에게 부과된 의무 가운데 하나로 수
    자리, 즉 변경 수비가 있었는데, 이에 동원된 민병을 수졸이라고 한
    다. 성년 남자들은 일생에 한 번씩, 1년 동안 수도 경비와 변경 수비
    가운데 하나를 치러야 했다. 여기에서는 진승의 군대를 가리킨다.

65 바로 위 구절에 나오는, 제(齊)·초(楚)·연(燕)·조(趙)·한(韓)·위(魏)·
    송(宋)·위(衛)·중산(中山)의 아홉 나라를 말한다.

66 '승(乘)'은 수레를 세는 단위. 수레는 사람과 화물을 운반하는 수단
    이었을 뿐만 아니라 조나라 무령왕(기원전 326~기원전 299 재위)

이 흉노족에게서 기마전을 도입하기 이전까지 주된 전쟁 형태였던 차전(車戰)의 도구였다. 따라서 수레의 수효는 국력의 기준이기도 했다.

67 고대에《우공》이후 중국을 9주로 나누었는데, 진이 차지한 옹주를 제외한 나머지 여덟 주를 일컫는다.

68 천자의 종묘. 천자는 7대 조상을 받들어 제사 지냈다. 한 왕조가 멸망할 때 7묘도 새 왕조에 의해 훼손되므로 7묘는 왕조를 상징하기도 한다. 효공부터 시황제까지 일곱 임금의 종묘에 해당한다.

69 진나라의 자영(子嬰)이 항우에게 죽임을 당한 사실을 가리킨다.

70 황제나 왕은 항상 남쪽을 향해 자리하고 통치했으므로 이렇게 말한다.

71 원문은 '사(士)'로, 대부 아래 지배 계급의 말단을 가리킨다. '사'는 중국 고대사의 주역으로 큰 역할을 수행한 계급이었다. '사'의 개념은 시대의 흐름에 따라 많은 변화를 겪어왔는데, 이것은 '사' 계급 자체와 계급의 기능 분화에 기인한다.

72 춘추 시기에 일어난 사회·경제의 급격한 변화로 종래 중국의 구심점이었던 주왕의 권위가 쇠퇴하고 제후 중에서 새로운 실력자가 등장하여 주왕을 대신해 정치 질서를 도모하고 사회 변화를 주도하기에 이른다. 이들이 바로 패자로, 오패란 제의 환공, 진(晉)의 문공, 초의 장왕, 오왕 부차(夫差), 월왕 구천을 가리킨다. 혹자는 부차와 구천을 빼고 송의 양공과 진(秦)의 목공을 넣기도 한다.

73 모든 권력이 진의 시황제 한 사람에게 집중되었음을 말한다.

74 고대 중국의 명군이었던 하(夏)나라 우왕(禹王), 은나라 탕왕(湯王), 주(周)나라 문왕(文王)과 무왕(武王)을 가리킨다. 문왕과 무왕은 부자(父子)이므로 한 사람으로 간주한다. 모두 창업 군주다.

75 국가에서 공신이나 제후에게 내려 조세를 개인이 받아 쓰게 한 고

을. 식봉(食封)이라고도 한다.

76 원문은 "孤獨"으로 고아와 홀아비를 뜻한다.

77 상(商)족의 우두머리로, 인재를 중시하고 어진 재상 이윤(伊尹)을
등용해 민심을 얻었다. 전설상의 폭군으로 일컬어지는 하나라의 마
지막 왕 걸(桀)을 축출하고 은나라를 세웠다.

78 주(周)족의 영수로 문왕(文王)의 아들. 민생을 풍족하게 하고 국방
에 힘써 포악한 은나라 주(紂)왕을 목야 전투에서 격파하고 주나라
를 세웠다. 건국 후 호경(鎬京)에 도읍하고 봉건 제도를 창시했다.
탕왕과 무왕은 요·순, 하를 건국한 우왕, 주의 문왕, 문왕의 아우 주
공(周公)과 더불어 유가에서 성인으로 추앙받고 있다.

79 진승이 처음 반란을 일으킨 곳으로 안휘성(安徽省) 숙현(宿縣)에 해
당한다.

80 여기에서는 전국 초나라 귀족의 후예 항우(項羽)와 그 세력을 말한다.

81 초한 전쟁 시 항우가 군사를 주둔시키고 유방을 초대해 연회를 벌
인 곳. 항왕영(項王營)이라고도 부른다. 섬서성 임동현 동북에 위치
하고 있다. 항우의 초대 목적은 유방을 살해한 다음 천하를 독차지
하는 것이었다.

82 진승의 거사 이후 진에게 멸망당한 산동 6국의 후예들이 복국(復國)
을 내세우며 차례로 반란군을 일으켰다.

83 주대(周代)의 군대 편제에 따르면 천자는 6군, 대제후(大諸侯)는 3군
을 거느렸다. 1군은 1만 2,500명으로 구성되었는데, 3군은 후일 전
군(全軍), 즉 군대의 총칭이라는 의미로 쓰이게 된다.

84 진의 본래 영토, 즉 효공 이전의 옹주 땅을 가리킨다.

85 고대의 도읍지는 주로 방어적 차원에서 선택되었다. 진의 도읍 함
양은 종구산(嶺九山) 남쪽, 위수(渭水) 북쪽에 위치했으며, 관중 평
원, 즉 위수 분지의 중앙에 자리잡고 있었다.

86 춘추 시기에 인재를 발탁해 진을 크게 일으킨 인물로, 논자에 따라서는 춘추오패(春秋五霸)에 포함시키기도 한다.

87 덕이 높음에도 불구하고 제왕의 자리에 오르지 못한 사람. 공자가 대표적이다.

88 주나라의 왕을 가리킨다.

89 서주 시기의 다섯 등급의 지배 계층인 천자·공·경·대부·사가 각각 맡은 책임. 오(五)를 왕(王)으로 보아야 한다는 의견도 있다.

90 '흥주팔백년(興周八百年)'이라는 말에서 보듯, 주나라의 실제 흥망 기간은 대략 기원전 1050~기원전 256년으로 800여 년이었다.

91 문제(文帝)가 장안 동쪽에 스스로 조성한 사당을 말한다.

92 가의 자신을 가리킨다.

93 아직까지는 전설 시대로 간주되는 하(夏)나라를 건국했다고 전해지는 인물. 순임금 때 황하 치수에 큰 공을 세워 인망을 얻었다고 한다.

94 요(堯)의 뒤를 이어 천하를 다스렸다는 전설상의 제왕이다.

95 회남왕(淮南王) 유장(劉長)이 장안의 동쪽에 해당하는 회남에서 문제와 대등한 황제가 되려고 한 일이 있었다. 이 경우 문제는 서제(西帝)가 된다.

96 제북왕(濟北王) 유흥거(劉興居)가 반란을 일으켜 형양(滎陽)을 공격해 탈취하려고 했다.

97 오왕은 이름이 비(濞)로, 문제가 죽고 경제가 즉위한 후에 제후왕에 대한 탄압이 더욱 심해지자 오와 초 지역의 7제후왕을 규합해 모반을 일으켰다.

98 승과 위는 군과 그 아래의 현에서 각각 민정과 군사를 담당했던 관직 이름이다.

99 오제(五帝)의 첫머리를 장식하는 전설상의 제왕. 탁록(涿鹿)의 싸움

에서 치우(蚩尤)를 이기고 천하를 최초로 통일했으며, 천문·역법·궁실·수레·문자·의상 등 모든 문물 제도를 창안했다고 전해진다. 우리의 단군에 해당하는 존재로, 중화 민족의 시조로 추앙되고 있다.

100 강태공(姜太公)이 편찬했다고 전해지는 《육도(六韜)》에 나오는 말이다.

101 춘추 초기, 관중(管仲)의 보좌를 받아 제후들을 규합하고 천하를 제패해서 춘추오패의 첫머리를 장식한 인물이다.

102 천자의 좌우에서 친근(親近)하는 사람. 여기서는 주발을 가리킨다.

103 잡역에 종사하는 가속(家屬). 여기서는 번쾌(樊噲)를 가리킨다.

104 문제의 상황이 고조의 상황과 달라 제후왕을 제압하기 힘든 사실을 의미한다.

105 이름은 유비(劉肥)로 한고조의 서장자(庶長子)다.

106 한고조의 이복동생으로 이름은 유교(劉交)다.

107 고조 말년에 총애를 받았으나 고조 사후 평소 그를 시기해온 여후(呂后)에 의해 죽임을 당한 척부인(戚夫人)의 소생 여의(如意)다.

108 한고조의 서자로 이름은 유우(劉友)다.

109 한고조의 서자로 이름은 유회(劉恢)다.

110 한고조의 서자로 이름은 유건(劉建)이다.

111 이름은 유장(劉長)으로 고조의 소자(少子)다.

112 제후왕이 모반할 가능성을 뜻한다.

113 공자 시기의 유명한 백정. 관중(管仲)의 저서라고 전해지는 《관자(管子)》에 나오는 이야기다.

114 오예(吳芮)는 백월(百越)을 회유한 공적이 있었으며, 그의 아들 오신(吳臣)은 매부인 경포가 반란하자 그를 유인해 죽인 공적이 있었다.

115 이십등작제에서 제일 높은 작. 철(徹)이란 종족이 아닌 인물의 공덕이 황실과 통한다는 의미다. 후일 무제의 이름인 '철'을 피해 '열후'

로 바뀌었다.

116 옛 초나라의 장군으로 고조에게 항복했으나 다시 배반한 후에 격퇴
되었다.

117 두 사람 모두 회남왕의 모반에 가담한 인물이다.

118 앞에서 쭉 서술한 명(明)·염(廉)·인(仁)·의(義) 및 후계자의 영원한
안전을 말한다.

119 전국 초기 제나라 출신의 명의. 종래의 주술적 의술에서 벗어나 침·
탕약·지압 등, 경험에 입각한 치료법을 도입했다. 환자의 오장(五
臟)을 투시하는 경지에 이르렀다고 한다.

120 초나라 원왕은 고조의 동생이므로 그 아들은 문제의 사촌 동생이
된다.

121 안사고(顏師古)는 이 '의원'을 가의 자신으로 풀이하고 있다.《한서
(漢書)》, 〈가의전〉 주(註).

122 일시적으로 힘이 약해 세폐(歲幣)를 보낸 사실을 두고 당시의 한이
흉노의 제후국이었다고 볼 수 없다. 가의가 자신의 주장을 강화하
기 위해 과장된 표현을 쓴 것으로 보인다.

123 속국은 한나라에 형식상 신하로 복속하는 외국이라는 의미이며, 당
시에 이 일을 담당한 관직은 전속국(典屬國)이었다.

124 중행(中行)이 복성(複姓)이고 이름은 열(說)이다. 문제 시기의 환관
으로 공주를 수행해서 흉노에 화친하러 갔으나 즉시 귀순했다. 흉
노를 위한 계책을 많이 내 한나라에 큰 우환을 가져다주었다.

125 한의 고조 유방을 이른다.

126 풍속을 개선한다는 의미로, 새로운 왕조나 정권 및 절대 군주에 의
해 단행된 위로부터의 강제적 개혁이다. 이에 대해서는 홍승현의
〈중국 고대의 이풍역속〉(서강대학교 박사 학위논문, 2003)을 참조하
라. 황제와 사대부의 관계를 중심으로 이풍역속의 의미와 그 시대

적 변화를 추적한 노작이다.

127 관중(管仲)을 가리킨다. 춘추 시기 제나라의 명재상으로, 환공을 도
와 훗날 환공이 춘추오패의 첫째로 떠오르게 하는 데 일등 공신이
되었으며, 내치와 외정에 치적이 많았다. 포숙아(鮑叔牙)와 함께 고
사성어 '관포지교(管鮑之交)'의 주인공이다.

128 통일 제국 진의 존속 기간은 실제로는 기원전 221년부터 기원전
206년에 이르는 15년이다. 13년이라고 한 것은 자영이 왕이었던
기간을 제외하고 시황제와 이세황제의 통치 기간만을 헤아린 탓인
듯하다.

129 《논어(論語)》〈안연(顏淵)〉에 나오는 구절로, 공자가 춘추 시기 들어
무너지고 있는 계층 간의 명분을 재확립하려는 의도에서 강조한 말
이다.

130 주나라 무왕의 아들이자 주공·소공·태공의 어린 조카였다. 주공 등
의 보좌를 받아 신흥 국가 주나라의 기틀을 잡은 왕이다.

131 서주의 계급 중에서 경과 사 사이인 대부를 상중하 셋으로 나누었
을 때 제일 위를 일컫는다. 경과 같다고 한 경우도 있고, 중대부는
없었다고 한 경우도 있어 문헌에 따라 차이가 있다.

132 《대대례기(大戴禮記)》〈보부(保傅)〉 및 《가의신서》〈보부〉에서 보이
는 구절이다.

133 학교의 규칙을 기록한 책을 말한다.

134 태자의 과실을 기록하는 임무를 겸하고 있었다.

135 서주~전국 시기에 문서 기초, 전적 관리, 역사 편찬, 천문 역법, 제
사 등의 일을 맡은 관직이었다.

136 〈채제(采齊)〉와 〈사하(肆夏)〉는 모두 《시경(詩經)》에 실리지 않은 악
시(樂詩)의 제목이다.

137 문제의 형정(刑政) 개혁이 가의의 영향을 받았다는 것을 이 부분을

통해 유추할 수 있다.

138 《논어》, 〈안연〉.

139 통치에서의 취사의 중요성을 강조하는 내용은 〈과진론〉 말미에서 도 찾을 수 있다.

140 만은 남방의 이민족을, 맥은 북방의 이민족을 말한다.

141 원문은 '사사(賜死)'로 군왕이 신하에게 자결을 명하는 일을 가리킨다.

142 천자가 제후 중의 장자를 부를 때 동성이면 백부, 이성이면 백구라 고 했다.

143 고대 중국의 형벌로 경(黥)은 이마에 글자를 새기는 형벌, 의(劓)는 코를 베는 형벌, 곤(髡)은 머리를 깎는 형벌, 월(刖)은 발꿈치를 절 단하는 형벌, 태(笞)는 태형(笞刑), 마(傌)는 욕설, 기시(棄市)는 시체 를 저잣거리에 내버리는 형벌이었다. 경·의·곤·월 등 신체의 일부 를 절단하거나 손상시키는 형벌을 육형(肉刑)이라고 한다.

144 조고(趙高)의 사위 염락이 망이궁에서 이세황제를 살해했는데, 진 의 제도가 본래 윗사람의 풍기를 꺼리지 않는 탓에 이렇게 되었음 을 이야기한 것이다.

145 주대의 관직으로 형벌과 경찰 업무를 관장했다. 한대에는 사구라 는 직명이 없었으며 사공(司空)이 같은 업무를 수행했다. 착오인 듯 하다.

146 《사기》, 〈자객열전(刺客列傳)〉에 나오는 이야기다.

147 《예기(禮記)》, 〈곡례(曲禮)〉에 나오는 유명한 말이다.

148 서직(黍稷)을 담는 제사 그릇으로 네모난 것을 보, 둥근 것을 궤라고 부른다.

149 자립하기 어려운 후계자라는 뜻이다. 한대의 1척은 22.5센티미터 였다.

150 마루의 섬돌과 등급을 없앰이 '저렇게' 하는 것이며, 쥐에게 먹이를

던져 그릇이 깨어짐을 꺼리는 행위가 '이렇게' 하는 것이다.

151 하남성 낙양시 노성구(老城區) 동관(東關) 상명가(爽明街)에 가의를
모시는 사당이 남아 있다. 명대에 세워진 것으로 추측되는 가의사
(賈誼祠)가 그것이다.

152 이 글에서 사용하는 달(月)은 모두 음력에 의거한 것이다.

153 묵특선우(冒頓單于)는 분열되어 있던 흉노의 여러 부족을 통합해 흉
노 제국을 열고 한나라에 맞선 흉노의 영걸이었다. 선우는 흉노의
군주를 가리키는 말이다.

154 회음후 한신은 젊은 시절에 동네 불량배의 가랑이 밑을 지나가고
빨래하는 노파에게서 식은 밥을 얻어먹고 고마워하기도 했던 탁월
한 군사 전략가이자, 배수진(背水陣)의 고사로 이름난 대장군(大將
軍)이다. 이 회음후 한신은 한왕 한신과 동명이인이다. 한왕 신은 전
국 한나라 양왕(襄王)의 서손(庶孫)이다. 진말에 유방을 따라 반란
에 가담했으며, 고조 2년(기원전 205)에 한왕에 임명되었다. 고조
6년에 흉노 선우에게 화해를 청하다가 유방의 의심을 받자 흉노에
게 항복했다. 그 후 한의 변경을 자주 침략하다가 고조 11년(기원전
196)에 한군과 싸우다 전사했다.

155 임협이란 서주(西周) 시기에 문무(文武)를 함께 익히던 사인(士人)
계층이 분화된 후 무에 통달했던 계층을 가리킨다. 문을 습득한 계
층은 유자(儒者)라 한다.

156 자작과 남작에 관한 기록은 문헌에는 나타나 있지 않다.

157 상앙의 개혁에서 주요한 내용 중의 하나. 기존의 오등작제를 없애
고 모든 백성을 20등급으로 나누어 운용한 작제다. 그 목적은 철저
한 구 귀족 세력 청산과 백성 통제에 있었으며, 작제 수여와 승진은
전공(戰功)을 기준으로 삼았다.

158 열후는 현(縣) 정도를 통치했는데 공신 143명이 임명되었다. 열후

의 공적이 제후왕의 그것에 미치지 못했음은 물론이지만, 또 하나의 차이점은 한고조가 봉기한 초기에 임협 관계를 맺었던 사람들은 열후가 되고 항우와 대치하던 후기에 유방과 결합했던 사람들은 제후왕이 되었다는 것이다.

159 7제후왕의 이름과 왕국은 다음과 같다. 연왕(燕王) 장도(臧荼), 한왕(韓王) 한신, 조왕(趙王) 장이(張耳), 초왕(楚王) 한신(=회음후 한신), 회남왕(淮南王) 영포(英布), 양왕(梁王) 팽월(彭越), 장사왕(長沙王) 오예(吳芮). 연왕은 얼마 후에 노관(盧綰)으로 교체되었다.

160 장사는 장안에서 원격지(遠隔地)에 해당했고 국세도 미미했다. 따라서 황실에 큰 위협이 되지 않는다고 생각해 장사왕을 제거하지 않고 그대로 둔 듯하다.

161 《한서》,〈제후왕표(諸侯王表)〉를 참조하라.

162 이에 대해 가부장적 제국 질서를 추구하기 위해 동성제후왕을 임명한 것이라고 파악한 연구도 있다. 김한규,〈가의의 정치 사상—한제국 질서 확립의 사상사적 일과정〉,《역사학보》제63집(1974), 122쪽.

163 친아들 세 명을 제외한 최초의 동성제후왕은 아홉 명이었다.

164 전한의 여태후(呂太后), 당의 측천무후(側天武后), 청의 서태후(西太后)를 가리킨다.

165 원문은 '非劉氏不得王 非有功不得侯. 不如約 天下共擊之'다.《한서》,〈주아부전(周亞夫傳)〉.

166 반고가 무제 이전 시기의《한서》본기와 열전에《사기》의 해당 기사를 대부분 전재(轉載)한 사실은 널리 알려져 있다.

167 황하 이남의 낙양 지역. 당시의 낙양은 지금의 낙양시보다 범위가 훨씬 넓었는데, 치소(治所)는 낙양에 있었다.

168 무제의 유학 장려책 실시 이후 유교의 5경을 세분한 14경전에 능통

한 학자가 박사로 임명되었다.

169 한대 9경(卿) 중의 하나로 오늘날의 법무부 장관에 해당하는 관직
이다.

170 이사가 순자(荀子)의 제자, 오공이 이사의 제자, 가의가 오공의 제
자였던 사실을 두고 가의를 순자의 증손제자(曾孫弟子)로 보는 주
장도 있다. 채정길(蔡廷吉), 《가의연구(賈誼研究)》(臺北: 文史哲出版社,
1984), 13쪽.

171 《한서》〈예문지(藝文志)〉는 《가의신서》를 유가로 분류해놓았다. 가
의의 사상이 유교에 기본을 두고 있음을 의미한다.

172 거(簴)는 쇠북(鐘)을 거는 틀을 말한다. 〈거부〉는 거의 아름다움과
웅위(雄偉)함을 천지만물의 모범으로 묘사한 글이다.

173 문제 2년에 가산(賈山)이 〈지언(至言)〉 이외에 열후 문제에 관한 상
소를 올렸다고 되어 있으나 그 문장은 전하지 않는다. 가의와 가산
의 사상을 함께 논한 글로 금곡치(金谷治), 《진한사상사연구(秦漢思
想史研究)》(京都: 平樂寺書店, 1981), 294~336쪽을 참조하라.

174 고대의 역법. 왕조가 새로 들어서면 반드시 역법을 개정해 천하에
반포했는데, 그 역법은 황제의 통치권이 미치는 영역 내에서 사용
된다는 의미를 지니고 있다. 정(正)은 한 해의 첫 달, 삭(朔)은 한 달
의 첫날을 뜻한다.

175 음양오행설(陰陽五行說) 중에서 왕조의 정통성 문제에 큰 영향을 미
친 추연(鄒衍)의 오덕종시설(五德終始說)에 따른 것으로, 황색과 숫
자 5는 전한에 토덕(土德)을 적용한 것이다.

176 3공과 9경. 재상과 장관에 해당하는, 전한 조정의 최고위 관직이
었다.

177 《한서》, 〈가의전〉.

178 《사기》, 〈고조본기〉.

179 초당(初唐)의 왕발(王勃)이 지어 인구에 회자되고 있는 〈등왕각서 (藤王閣序)〉에는 "가의가 장사에서 몸을 굽힌 것은 훌륭한 주군이 없었기 때문이 아니다"라고 씌어 있고, 북송(北宋)의 소식(蘇軾)도 〈가의론(賈誼論)〉을 통해 "문제가 가의를 쓰지 않은 것이 아니라 가의가 문제에 의해 쓰일 수 없었던 것이다"라고 강조한다.

180 풍경의 아버지는 진나라의 장군이었다. 풍경은 초한 전쟁 시기에 위(魏)나라의 기장(騎將)이었는데, 한신이 위 지역을 평정하자 유방에게 귀순했다. 가의가 〈치안책〉에서 풍경을 용맹한 인물로 묘사한 것은 흥미를 자아낸다.

181 주발은 유방과 같은 사수(泗水) 패(沛) 사람으로, 누에 칠 때 쓰는 채반을 만드는 일을 업으로 삼고 있었다. 또한 관영은 명주를 팔아 생계를 유지했다.

182 이러한 의미로 사용된 첫 사례는 동아시아에서 최초로 전공을 분류해놓았다고 할 수 있는 《논어(論語)》〈선진(先進)〉의 '文學子游子夏'일 것이다. 이때 전공 분류는 공자의 제자들을 장기에 따라 넷(문학, 정사, 언어, 덕행)으로 분류한 것을 말한다.

183 이론적 기원은 묵가(墨家)의 상현론(尙賢論)으로 추측된다.

184 이 양자 집단과 구별되는 인물들로 문제가 제후왕이었을 때부터 시종(侍從)했던 장무(張武) 등이 있다. 이른바 왕당파라고 부를 수 있는 사람들이다. 그러나 이들도 새로운 국가 질서 확립이나 개혁과는 거리가 먼 부류였다.

185 문제 15년(기원전 165), 제후왕과 공경, 군수에게 조령을 내려 '현량능직언직간자(賢良能直言直諫者)'를 추천하도록 했다. 그 결과 100여 명이 천거되었다. 이들은 정치적 현안에 대한 자신의 의견, 즉 대책을 올렸는데 이 중에서 조조의 것이 가장 우수했다. 이때의 조치가 제도적 장치에 의한 최초의 신진 인사 발탁이라고 할 수 있다.

186 마왕퇴 고분에서는 비단에 그린 그림인 백화(帛畵)와 비단에 글씨를 새긴 백서(帛書), 그리고 종이를 사용하기 이전에 글씨를 기록했던 죽간(竹簡)과 목간(木簡) 등 3,000여 점이 넘는 유물이 출토되었다. 백서 중에는 《역(易)》,《노자(老子)》,《전국책(戰國策)》과 같은 희귀한 서책도 포함되어 있었다.

187 양자강 유역과 그 이남 지역이 본격적으로 개발되기 시작한 것은 5호의 침입으로 한족의 서진 정권이 화북을 떠나 강남에 건립한 동진 정권을 수립(317)한 이후의 일이다.

188 《사기》〈화식열전(貨殖列傳)〉을 보면 "강남 지방은 지세가 저습해 남자의 수명이 짧다"라는 표현이 나온다.

189 《가의신서》,〈번강(藩强)〉. 후한 명제(明帝, 57~75 재위) 시기에 반고(32~92)가 편찬한 《한서》〈지리지(地理志)〉에는 장사의 호수(戶數)가 4만 3,470호, 인구가 23만 5,825명으로 기록되어 있다.

190 유발은 무제의 이복동생이며, 후한의 개국 황제 광무제(光武帝) 유수(劉秀)의 원조다.

191 담종의(譚宗義),《한대국내육로교통고(漢代國內陸路交通考)》(香港: 新亞研究所, 1967), 20~28, 174~188쪽.

192 굴원이 투신한 정확한 지점은 오늘날의 호남성 멱라시(汨羅市) 서북쪽 상강의 지류인 멱라강과 상강 본류가 합류하는 삼각주에 들어선 굴원 농장(農場) 부근이다. 부근에는 굴원의 사당도 있다. 양양~장사 코스에서 제법 벗어난 곳이다. 상수에 이르러 굴원의 고사를 떠올린 가의가 직접 들렀을 가능성도 있다.

193 가의의 고거(故居)는 장사시 서구(西區) 복승가(福勝街) 태부리(太傅里)에 있다. 강 건너 서북 방향의 악록산(嶽麓山)과 마주하는 곳이다. 고거와 상강 사이에는 강변 대로가 뚫려 있으며, 상강을 가로지르는 장사상강대교(長沙湘江大橋)를 통해 대안과 연결된다. 동진 시

기에는 전원 시인 도연명(陶淵明)의 증조부인 형주자사(荊州刺史) 도
간(陶侃)의 거처였으며, 송대에 들어와 가의를 모시는 사당인 가태
부사(賈太傅祠)로 바뀌었다. 가의가 직접 팠다고 전해지는 우물과
함께 성급(省級) 보호 문화재로 지정되어 있다.

194 일설에는 올빼미라고도 한다.

195 가의가 두 번이나 장사의 기후와 연관지어 자신의 건강을 걱정한
기사와 관련해, 그가 선천적인 병약자이며 이런 사람은 조급증으
로 대사를 잘 그르친다고 주장한 흥미 있는 연구도 있다. 츠츠미 게
이지(塘耕次), 〈가의와 그 대립자(賈誼とその對立者)〉, 《중국 철학사의
전망과 모색(中國哲學史の展望と摸索)》(京都: 創文社, 1976).

196 원문은 다음과 같다. "宣室求賢訪逐臣 賈誼才調更無論 可憐夜半
虛前席 不問蒼生問鬼神." 〈가생(賈生)〉, 《전당시(全唐詩)》 권16.

197 승상, 태위와 함께 3공의 하나로, 관리의 비행을 조사해 황제에게
보고하고 탄핵하는 '감찰'의 총책임자였다.

198 유승(劉勝)이라고 기록한 곳도 있다.

199 양에 도읍했으므로 양혜왕(梁惠王)이라고 부른다.

200 〈치안책〉은 뒷사람들이 붙인 이름이며, 당시에는 〈논시정소(論時政
疏)〉 혹은 〈진정사소(陳政事疏)〉라고 했다.

201 회양왕(淮陽王) 유무(劉茂)를 양회왕의 후임으로 임명하고, 그의 봉
지를 확대시킨 사실이 그것이다.

202 '하루아침에' 이하 단락 끝까지는 소식(蘇軾, 1036~1101)의 명문 〈가
의론〉에서 요약·인용한 것이다. 소식은 가의를 두고, 뜻은 컸으나
도량은 협소했으며, 재능은 남음이 있었으나 식견이 부족했다고 말
한다. 사빙영(謝氷瑩)·임명파(林明派)·구섭우(邱燮友)·좌송초(左松
超) 주역(註譯), 《신역 고문관지(新譯 古文觀止)》(臺北: 三民書局, 1980).

203 김한규, 〈가의의 정치 사상―한 제국 질서 확립의 사상사적 일과

정〉, 160쪽.

204 가의의 문학 작품과 《가의신서》의 내용에 대해서 가의의 저작이 아니라는 견해가 일찍부터 제기되어왔다. 이른바 《가의신서》와 부의 위작설(僞作說)이다. 《가의신서》와 《한서》〈가의전〉의 문장에 차이가 적지 않아서 비롯된 의심이다. 이에 관해서는 《한서》〈예문지〉의 내용을 우선 참고할 만하다. 최근의 연구에 의하면 ① 전부 위작설, ② 일부 위작설, ③ 가의 저작설로 나눌 수 있는데, 이 문제에 대해서는 왕흥국(王興國), 《가의평전(賈誼評傳)》(南京: 南京大學出版社, 1992), 39~54쪽 및 채정길, 《가의연구》, 32~35쪽에 요약·정리되어 있다.

205 시게자와 도시로(重澤俊郞), 〈가의신서의 사상〉, 《동양사연구(東洋史研究)》 10권 4호(京都: 東洋史研究會, 1949)는 가의의 사상을 윤리 사상, 정치 사상, 경제 사상으로 나눠 정리하려 시도한 최초의 글이지만 평면적인 소개에 그치고 있다.

206 이 가운데 37편 〈문효(問孝)〉와 55편 〈예용어(禮容語)〉 상편은 내용 없이 제목만 전한다.

207 그러나 가의는 〈치안책〉에서, 상앙의 변법으로 인해 풍속이 쇠퇴해 당세까지 이어지고 있다고 비판한 다음 이를 바로잡아야 한다고 주장한다.

208 이 시기에 들어 우경(牛耕)으로 인한 심경(深耕), 황무지 개간, 관개·치수 기술 개발, 이앙법(移秧法)과 시비법(施肥法) 개발, 한지(旱地: 강수량이 적어 딱딱한 토지) 경작 등이 이루어졌다.

209 중국사의 신빙할 만한 초기 왕조라고 할 수 있는 은·서주 시기는 영토 개념이 없던 때였다. 사람들의 사회 생활과 경제 활동은 특정한 성(城)과 그 주변을 중심으로 이루어졌다. 이 시기의 국가를 성읍 국가라고 부른다. 성읍은 씨족·부족의 생활 단위로, 성읍 가운데에

서 구심점 역할을 담당한 성읍이 도읍(都邑)이었다. 은(殷)은 황하 중류 유역에 산재해 있던 성읍 중의 하나로 도읍의 위치에 있었다. 이러한 상태가 서주 시기까지 계속되었다.

210 춘추 시기에 들어, 봉건 제도가 해체되어가면서 주왕의 권위가 쇠퇴하고 제후 중에서 실력자인 패자가 질서를 선도해나갔다. 동시에 사회는 철기 시대로 접어들어, 먼저 철제 무기로 무장한 성읍 국가가 그렇지 않은 성읍을 침략·병합하게 되었다. 그리하여 여러 개의 성읍으로 이루어진 국가가 출현하기에 이르렀다. 요컨대 국가의 형태가 점 단위에서 면 단위로 바뀌어갔다. 이를 영토 국가라고 부른다.

211 한창 시기에 임치의 인구는 13만 명, 영의 인구는 20만 명에 달했다고 한다.

212 이회(李悝)가 주도한 것으로 구 귀족 세력 청산 조치, 토지 사유 제도 수용, 풍흉에 대비한 물가 조절책 등이 주요 내용이었다.

213 정치 방면의 개혁을 중심으로, 구 귀족 세력을 제거하는 인적 청산에 주안점을 두었다.

214 이전까지 전쟁의 주된 형태는 네 마리의 말이 끄는 마차를 몰아 대적하는 차전(車戰)이었다.

215 기원전 260년, 명장 백기가 이끄는 진의 조나라 토벌군은 장평(長平: 산서성 고평현) 전투에서 조군을 대패시켰다. 이 전투에서 40만 대군이 생매장당하고, 45만 대군 중에서 240명만이 귀환하는 참사를 겪은 조나라는 급속히 쇠퇴하게 된다. 전국 시기 최대의 격전이었다.

216 이성규, 〈전국 시대 통일론의 형성과 그 배경〉, 《동양사학연구》 제8·9합집(1975).

217 2002년에 한국에서 개봉된 이연걸(李連杰) 주연의 중국 영화 〈영웅(英雄)〉의 주제도 이와 무관하지 않다. 천신만고 끝에 진왕을 살해

할 기회가 찾아왔음에도 불구하고 주인공이 이를 포기한 것은 어떤 인물이라도 관계없으니 천하가 통일되어 전국 시대의 혼란이 끝나야 한다는 생각 때문이었다. 이 영화가 국가주의적 입장을 나타내고 있다는 어떤 학생의 날카로운 지적을 받았다.

218 자영은 황제가 아니라 왕으로 즉위했다. 반란으로 인해 산동의 영토가 줄어들어 그 지역에 통치권을 행사할 수 없게 되었기 때문이다.

219 북송의 사마광(司馬光)이 책임 편찬한 《자치통감(資治通鑑)》이 좋은 보기다.

220 이 밖에 상고주의(尙古主義)와 순환사관(循環史觀)을 들 수 있다. 전해종(全海宗), 〈중국인의 역사 의식과 역사 서술〉, 《사관이란 무엇인가》(청람, 1982).

221 인용문을 실마리 삼아 《가의신서》와 《한서》 〈가의전〉의 관계를 검토해보기로 하자. 이 문제는 《가의신서》 위작설과도 연관이 있다. 인용문의 "그 대체적인 내용은 다음과 같다"에 해당하는 원문은 "其大略曰"이다. 여기에서 추측할 수 있는 것은 가의가 여러 번 〈치안책〉을 상소했으며, 그 전문(을 다듬은 내용)이 《가의신서》에 수록돼 있다는 것이다. 《한서》 〈가의열전〉에 실려 있으며 이 책의 번역대본으로 사용된 원문은 반고가 그 전문을 절록(節錄)한 결과물이다. 그러나 절록했다 하더라도 가의의 사상을 살피는 데는 〈치안책〉만을 가지고도 큰 어려움이 없다. 요체만을 옮겨놓았으므로 오히려 편리한 점도 있다고 해야 하겠다.

222 〈과진론〉 하편(이 책 29쪽)을 참조하라.

223 《한서》, 〈가의전〉.

224 중앙 정부의 승상에 상응하는 제후왕국의 관직으로, 조정에서 임명했다. 《한서》, 〈백관공경표(百官公卿表)〉 상.

225 《한서》, 〈제후왕표〉에 따르면 친자를 포함한 제후왕의 수는 고조 시

기에 12인, 문제 시기에 15인, 경제 시기에 19인, 무제 시기에 8인, 선제(宣帝) 시기에 6인, 원제(元帝) 시기에 3인으로 나타난다.

226 가의 사후 중앙 정부의 제후왕 통치를 요약하면 다음과 같다. 동성 제후왕 가운데서 고조의 조카로 문제의 종형인 오왕 유비(劉濞)의 세력이 가장 강했다. 경제 시대에 조조의 삭지(削地) 정책 시행에 큰 불만을 지니고 있던 유비는, 중앙 정부의 제후국 탄압이 거듭 이루어지자 오(吳)·초(楚) 등 7제후국과 연합해 반란을 일으켰다. 반란 초기에는 정부군이 위험한 지경까지 갔으나 주발이 지휘하는 정부군에 의해 반란은 결국 진압되었다. 이후 중앙 정부의 권력은 강화되고 제후국의 권한은 약화되어, 제후왕은 존재만 할 뿐 실제로 통치하지는 않는 상황이 조성되기에 이르렀으며, 중앙 정부에서 파견한 관리가 제후국의 내정을 통치하게 되었다. 제후왕의 인사권이 박탈된 것이다. 무제 시기에 접어들면 제후왕에 대해 더욱 가혹한 통제가 가해졌다. 제후왕의 조세 징수권이 박탈되어 제후국은 허수아비와 같은 존재가 되었다. 군국제는 단지 형식에 불과한 제도가 되었으며, 제후국의 지위는 군(郡)과 마찬가지의 지위로 떨어졌다. 사실상의 군현제(郡縣制)가 확립되어 명실상부한 황제 국가가 성립하기에 이른다.

227 유경은 본명이 누경(婁敬)으로 수졸(戍卒) 출신이었다. 관중 정도(定都), 흉노와의 화친, 강간약지(强幹弱枝) 등의 중요한 정책을 진언했다. 평성 전투가 있기 전에 이미 흉노에 사신으로 다녀와 화친을 주장하기도 했다.

228 《한서》, 〈유경전〉.

229 이 밖에도 《가의신서》 〈해현(解縣)〉·〈위불신(威不信)〉·〈세비(勢卑)〉 편에 흉노 관계 기사가 실려 있으며, 그 내용은 〈치안책〉에 절록되어 있다.

230 삼표는 한의 천자가 신(信)·애(愛)·호(好)로써 흉노를 신임하고, 총
애하고, 그들의 기예를 좋아해야 한다는 것이다. 오이는 흉노의 눈·
입·귀·배·마음을 즐겁게 하는 갖가지 향락을 제공해서 눈·입·귀·
배·마음의 감각을 무디게 하자는 내용이다.

231 '식량 비축에 의한 장기전 대비'는 문제·경제 시기에 쌓은 경제력을
기반으로 무제 시기에 실행되었다.

232 가의는 오랫동안 탄식할 만한 일이 여섯 가지라고 했으나 그것을
내용상 명확하게 구분하기가 쉽지 않으며, 풍속 교정과 예교 확립,
태자 교육과 신하 예우로 요약할 수 있다.

233 태자 교육의 골간은 조기 교육과 훌륭한 스승·보좌진의 선발이다.
《예기》에 실린 하나라의 태자 교육을 모범으로 보고, 여기에 진나
라의 태자 교육을 대비시키고 있다.

234 대군인(戴君仁), 〈가의의 학술과 그 전후의 학자들을 논함(論賈誼的
學術及其前後的學者)〉,《대륙잡지(大陸雜誌)》제36권 4호(臺北, 1968).

235 유방이 관중에 입성한 후에 약법삼장(約法三章)을 공포했고, 개국
후에도 각박한 진의 통치를 적극 배격한 사실에서 유방과 황노술의
관련성을 추측해볼 수 있다.

236 여후와 마찬가지로 문제의 황후 두씨(竇氏)도 주위에 황노술 숭상
을 강력히 권유했다.

237 구체적으로 단행된 시책은 여후 집권시에 전부(田賦: 토지세)를 15분
의 1로 경감하는 것과, 당시까지 시행되고 있던 진의 가혹한 협서율
(挾書律)·삼족죄(三族罪)·요언령(妖言令) 등을 폐지하는 것이었다.

238 황노술적 통치술을 나타내는 용어로 이 밖에 수공(垂拱)·청정(清
靜)·불임직(不任職)·불치사(不治事) 등이 있다.

239 《순자》, 〈영욕편(榮辱篇)〉.

240 제후왕의 봉지를 삭탈해 중앙 집권을 강화하자는 정책. 조조는 경

제에게 "삭탈해도 모반하고, 삭탈하지 않아도 모반한다. 삭탈하면
모반이 빨리 일어나지만 화는 적고, 삭탈하지 않으면 모반이 늦게
일어나기는 하나 그 화는 크다"라는 독특한 주장을 전개했다. 삭번
정책은 제후왕의 반발을 일으켜 오·초 7국의 난의 원인이 되었다.

241 제후왕이 사은(私恩)으로 왕국의 토지 일부를 자제에게 나눠줘 열
후로 삼는 것을 윤허하고 황제는 이들 후국(侯國)의 봉호를 제정한
다는 조령. 그 결과 왕국은 다시 후국으로 나누어져 왕국은 축소되
고, 중앙 정부의 직할 토지가 확대되었다. 이는 황권의 강화와 제후
왕 권력의 약화를 가져왔다.

242 무제가 동중서의 건의를 받아들여 장안에 설립한 최고 교육 기관.
수업 내용은 오경이었으며, 선생을 박사라고 불렀다.

243 성은 다른 종족과 구분하기 위해 사용한 것으로 모계 사회의 유풍
이었다. 하족의 사(姒), 주족의 희(姬), 제족의 강(姜) 등이 그것이다.
모두 '계집 녀(女)' 변에 속하는 글자다.

244 중국의 신화, 전설상의 신. 황제(黃帝)의 아들로 가을을 주관했다.

245 고대 중국인들은 천하의 중앙에 자신들이 있고 그 사방에 미개인들
이 살고 있다고 생각했다. 융(戎)은 서방 미개인을 총체적으로 부르
던 이름이었다.

246 은의 마지막 왕. 하의 마지막 왕 걸(桀)과 더불어 폭군의 대명사였다.

247 씨(氏)는 종족 내에서 가족, 혈연 관계를 표시하기 위한 칭호로 족
(族)과 같은 의미를 지니고 있었다. 선진 시기에는 사(士) 이상의 계
층에게만 씨가 있었다. 그 가운데 남자는 반드시 씨를 칭했으며, 여
자는 성으로만 구별했다. 후대에 이르러 양자를 구별하지 않고 사
용했다.

248 서주 시기에 제후 아래, 사(士) 위의 신분을 가리켰다.

249 기원전 770년, 주나라가 북방 견융족(犬戎族)의 침입을 받아 유왕

(幽王)이 전사하고 평왕이 즉위한 후에 수도 호경(鎬京)을 버리고 동방의 낙양에 도읍한 사건. 이로부터 춘추전국 시대가 전개되었으며, 이 사건 이후의 주를 동주라고 불러 이전의 서주와 구분한다.

250 봉건 제도에 따라 주왕에 의해 일정한 지역에 봉해지고 제후국을 세우는 일을 말한다.

251 효산과 함곡관. 주 8·9를 참조하라.

252 진헌공(晉獻公)의 후비로 융족 출신. 헌공의 총애를 계기로 태자 신생(申生)을 자살케 하고, 공자 중이(重耳)·이오(夷吾)를 망명(亡命)으로 내몬 후 자신의 소생 해제(奚齊)를 태자로 세웠다. 헌공 사후에 대부 이극(里克)에게 피살되었다. 중이가 귀국해 헌공을 계승하니, 그가 바로 춘추오패의 한 사람인 진문공이다.

253 융족 출신. 진의 목공에게 등용되어 동진이 좌절된 진이 서융을 제패하는 데 공을 세웠다. 이는 후일 진이 동진 정책을 재개했을 때 배후의 근심이 없게 하는 결과를 가져다주었다.

254 진(晉)이 봉건 제도하의 오등작제에 따라 공작(公爵)에 봉해져 제후국을 연 까닭에 이렇게 부른다.

255 주대의 관직. 제후 아래 '경'의 신분을 지닌 자가 봉직했던 여섯 개의 최고 관직이었다.

256 대검(帶劍)은 춘추 시기에 중원 각국 귀족들의 신분을 나타내는 표시이자 특권이었다. 서방의 진은 이를 모방해, 중원 문화를 도입하여 풍속을 개혁하려 했다.

257 고대에 신에게 제를 올릴 때 바치던 곡물로 수확량의 1할이 보통이었다. 예로부터 세(稅)와 같은 의미로 사용되어왔다.

258 진의 헌공(獻公)이 5가(家)를 기본 단위로 정부의 관리 편의와 요역(徭役) 징발을 목표로 조직한 호적법. 후일 상앙의 십오연좌제의 근거가 되었다.

259 고대 중국어로 제도 개혁이라는 의미를 갖고 있다.

260 모든 가(家)를 10가, 5가씩 연대시켜 범법 행위가 있을 경우 똑같은 책임을 지게 하는 제도. 전국적으로 철저히 시행된 이 제도는 동양적 전제군주제 유지에 크게 공헌했다.

261 구 귀족 세력을 제거하기 위해 도입한 인적 청산 제도. 기존의 세습 작위를 부정하고, 오등작제 대신 이십등작제를 신설해 군공을 근거로 작위를 주었다.

262 부국강병이 그 목적이었다.

263 경지를 1경(頃) 단위로 나누어 정리한 일. 1경은 1맥이며, 1맥은 100무(畝), 1천(阡)은 10맥, 1무는 대략 650제곱미터에 해당한다.

264 부렴(賦斂)이라고도 한다. 전국~한대에 병역을 면제받고 군수품 조달 의무를 이행하기 위해 바쳤던 세금. 목적으로 보면 방위세였으며, 징수 방법상으로는 인두세였다. '조'와 더불어 두 가지 중요한 세금이었다.

265 오마분시(五馬分屍)라고도 한다. 사람의 머리와 사지에 결박한 밧줄을 수레나 말에 연결해 끌게 함으로써 죽음에 이르게 한 고대 혹형.

266 춘추 초기에는 주왕의 권위가 남아 있어 패자들이 공(公)의 칭호를 사용했으나, 중원 제후국에게서 이적시(夷狄視)되었던 초나라는 주왕의 권위를 인정하지 않았고, 대등하다는 의미에서 무왕(武王, 기원전 741~기원전 690 재위) 때 가장 먼저 왕호를 사용했다. 이러한 현상은 각국으로 확산되었다.

267 조나라의 대신. 기원전 287년에 소진과 함께 5국의 군사를 일으켜 진을 공격하고 진으로 하여금 서제의 칭호를 포기하게 했다.

268 백기(白起)가 이끄는 진군이 조괄이 지휘하는 45만 조군을 대패시킨 전투. 이 싸움이 끝난 후에 조나라 병사 40만이 생매장되었다. 45만 조나라 병사 중 생환자는 240명에 지나지 않았다고 한다.

269 재상급의 관직으로, 전국 시기에 초를 제외한 모든 나라에 존재했다. 진한대의 경우 건국 초기에는 공신이, 멸망 직전에는 권신이 주로 맡았다.

270 위(魏)나라 사람으로, 진왕에게 뇌물로 제후들을 매수해 합종을 깨뜨리라고 진언했다. 같은 위나라 출신의 병법가 울료는 동명이인이다.

271 초나라 출신으로 순자에게 법가 사상을 배웠으며, 진나라로 들어가 진왕에게 통일 정책을 건의해 객경(客卿)에 임명되었다. 통일 후 승상의 지위에 올라 개혁 정책을 주도했다. 분서갱유를 건의한 사람도 그였다. 진의 시황제가 죽자 환관 조고와 손잡고 호해 옹립에 앞장섰으나 후일 조고와의 권력 투쟁에서 패배한 뒤 모반죄로 처형되었다.

272 율은 형법, 영은 행정법을 가리킨다.

273 감찰 업무를 담당하는 관직이었다.

274 검수(黔首)란 '머리 검은 사람'이라는 뜻으로 진대에 평민들을 일컫던 말이다.

275 진시황제의 전용 도로. 수도 함양에서 시작되는 양대 간선이 있었다. 하나는 동쪽인 연·제 방면으로, 다른 하나는 동남쪽인 양자강 중·하류의 오·초 지역에 이르는 것이었다.

276 진대의 1척은 22.5센티미터다. 지세가 험난하고 노면이 협착해 이런 이름이 붙었다.

277 이사가 대전을 간략하게 해서 만든 서체다.

278 우주 만물의 이치를 음과 양이라는 두 원소와, 목·화·토·금·수라는 오행의 순환 작용으로 풀이한 제자백가의 일파. 학파로서의 세력은 미약했으나 동아시아 삼국의 민간 생활에 큰 영향을 미쳤다. 대표적인 이론가는 추연(鄒衍)이다.

279 추연이 목·화·토·금·수, 오덕의 운행 작용으로 왕조의 순환을 설명

한 이론. 역대 왕조의 정통성에 많은 영향을 주었다.

280 신선술을 추구하던 무리들을 이른다.

281 오늘날의 하남성 지역이 아니다. 감숙성에서 북류하며 영하회족자치구를 지난 황하가 크게 굽이쳐 흐르는 내몽골 자치구 일대로, 하투(河套)라고도 불렀다. 진·한과 흉노가 치열하게 대결한 현장이었다.

282 《사기》, 〈진시황본기〉.

283 시황제의 능. 섬서성 임동현 여산 북록에 있다. 둘레는 20리고, 하부는 장방형으로 길이 460미터, 폭 400미터에 이른다. 시황제와 이세황제의 2대에 걸쳐 연인원 70만 명이 투입되었다고 한다. 1975년 수로를 파던 농부가 발견해 일부가 발굴됨으로써 그 장관이 알려졌다.

284 고대의 제왕이 자신이 다스리는 나라를 시찰하던 일. 순유(巡遊)라고도 한다.

285 기계 장치로 작동하게 만든 쇠뇌다.

286 이문(里門) 왼쪽(동쪽)에 거주하는 사람들. 진대에 리의 서쪽에는 상층인들이, 동쪽에는 하층민들이 거주했다.

287 1둔은 5인으로 구성되었다.

288 진승은 초나라의 계승과 부흥을 표방했다. 그가 내건 국호도 장초(張楚)였다.

289 사인 계층 중에서 유세 활동에 종사한 사람을 일컫는다.

290 노역형에 처해진 죄수다.

291 파란 두건을 쓴 병졸이라는 의미다.

더 읽어야 할 자료들

가의, 《가의신서》

가의의 글을 모은 문집이다. 가의 사상의 전모가 담겨 있는 책으로 《가의집(賈誼集)》,《신서(新書)》라고도 한다. 이를 통해 가의의 사상이 정치, 경제, 사회, 철학, 윤리, 대외 관계 등 다방면에 미치고 있으며, 유가·법가·도가·음양가 등 제자(諸子)의 성격을 두루 포함하고 있음을 알 수 있다.《한서》〈예문지〉는 《가의신서》를 유가 계열에 포함시켜놓았다.《가의신서》는 모두 58편으로 이루어져 있는데, 2편은 제목만 전한다. 첫머리에 〈과진론〉 상·중·하편이 실려 있고, 부와 산문까지 실려 있다. 번역본은 아직 나오지 않았으나 현재 철학 전공자가 우리말로 옮기는 작업을 하고 있다. 중국과 대만에 여러 종류의 판본이 나와 있다.

왕흥국, 《가의평전》(南京: 南京大學出版社, 1992)

남경대학 중국 사상가 연구센터가 기획·출판하고 있는 중국 사상가 평전 총서 중 하나다. 앞부분에서는 가의의 생애와 《신서》를 다루고, 뒷부분에서는 가의의 사상과 문학에 대해 검토하고 작자의 의견을 제시했다. 말미에는 후인의 추모 글과 평론을 실었는데, 채정길의 《가의 연구》

에 비해 여러모로 짜임새 있는 책이다. 참고 문헌은 중국에 편중되어 있으며 수효도 많지 않다. 사회주의 국가의 출판물답게 '소박한 유물론과 변증법 사상'이라는 주제에 한 장(章)을 할애한 점이 특이하다. 가의에 관한 자료가 적기 때문에 육가(陸賈)·조조의 평전과 합전돼 있다.

채정길 《가의연구》(臺北: 文史哲出版社, 1984)

가의를 대상으로 한 연구서는 논문에 비해 많지 않다. 이 책은 그런 드문 연구서 중 하나다. 가의의 생애와 저술, 시대 배경과 사상의 연원을 소개한 후, 철학·정치·경제·국방·교육 순으로 그의 사상을 서술했다. 후반부에는 가의의 문학에 대한 연구 결과가 실려 있다. 다룰 만한 분야는 전부 다뤘으나 사실 나열에 치우쳐 있으며, 대만의 연구 성과만 반영한 점이 매우 아쉽다. 책 끝에 실려 있는 풍부한 양의 참고 문헌은 가의 연구자들에게 많은 도움을 줄 것이라 생각되지만 출판 연도와 출판지가 빠져 있다.

니시지마 사다오, 《진한제국(秦漢帝國)》(東京: 講談社, 1974)

진한 시대의 역사를 전체적으로 조망할 만한 우리말 저서나 번역서는 아직 없다. 《진한제국》은 일본의 고단샤(講談社) 출판사가 기획한 '중국의 역사' 시리즈 중 하나다. 30년의 세월이 흘렀음에도 가치를 잃지 않고 있는 책이며, 일본에서도 가장 우수한 진한 시대 역사서로 평가되고 있다. 1960~1970년대에 일본에서 크게 유행한, 동양 최초의 대제국 진과 한의 통치 구조에 대한 연구의 결과물이다. 이십등작제와 책봉 체제로 진한 제국의 구조를 설명하고 있으며, 이를 통해 황제의 인민 지배와 대외 관계에 대한 이해를 시도했다. 주로 문헌 자료에 의거해 집필했기 때문에, 그동안 출토된 다양한 유물 자료와 축적된 연구 성과를 근거로 저자의 제자가 수정·보완 작업을 진행하고 있다고 한다.

김한규, 〈가의의 정치 사상—한 제국 질서 확립의 사상사적 일과정〉, 《역사학보》 제63집(역사학회, 1974)

전한 제국의 정치 질서가 확립되는 과정에서 가의의 사상이 차지하고 있는 위치를 정립해보고자 시도한 빼어난 논문이다. 가의는 신진 문학지사로서 한초의 임협적 정치 질서가 무제 시기의 제국 질서 체제로 전환하는 데 전위적 역할을 수행했다는 것이 이 논문의 결론이다. 《가의신서》에 나오는 정치 사상과 대책을 정밀하게 검토하여 가의에 대해 종합적 연구를 시도한 최초의 글이다.

김한규, 〈서한의 구현과 문학지사〉, 《역사학보》 제75·76호(역사학회, 1977)

앞 논문의 후속작이라 할 수 있다. 앞에서 문학지사의 존재를 강조한 김한규 교수는 이 논문에서는 전한 중기 이후, 문학지사가 한초의 공신 세력을 대신하여 황제 권력에 직접 참여하는 과정을 다뤘다. 개인적 능력이 무기였던 문학지사를 선발하던 가치 기준과 제도적 장치, 그들의 사회적 배경과 정치적 역할이 설명돼 있으며, 전한 중기 이후 황제와 관료가 어떠한 대응 관계에서 한 제국의 질서를 형성했는지 드러나 있다. 치밀한 고증과 광범위한 사료들을 섭렵하여 착실하게 논증한 이 글은 앞의 논문과 마찬가지로 가의 연구자뿐만 아니라 중국 고대 정치(사상)사를 공부하는 사람도 반드시 읽어야 할 글이다.

정일동, 〈가의의 치안책 일고—제후왕 문제를 중심으로〉, 《한국학논집》 제2집(한양대학교, 1982); 〈한초의 사회 개혁책에 대하여—치안책 내용을 중심으로〉, 《한양대인문논총》 제5집(한양대학교, 1983); 〈가의의 예교론에 대하여—치안책 내용을 중심으로〉, 《김준엽교수화갑기념중국학논총》(고려대학교 아세아문제연구소, 1983)

〈가의의 치안책 일고—제후왕 문제를 중심으로〉는 부제가 말해주듯 제후왕 문제에 초점을 맞추어 〈치안책〉을 검토한 글이며, 〈한초의 사회 개혁책에 대하여—치안책 내용을 중심으로〉는 가의가 오랫동안 탄식할 만한 일이라고 주장한 사회 문제 중에서 풍속 교정을 다뤘다. 그리고 〈가의의 예교론에 대하여—치안책 내용을 중심으로〉는 가의의 개혁 목표가 신분 질서 제도의 확립과 예치주의에 의한 도덕 사회 건설에 있었다고 주장한 글이다. 정일동 교수는 가의에 관한 논문을 이렇게 세 편 발표했다. 가의의 정치론에 관한 사료를 정리하고 정치론의 발생 배경을 상세히 논한 점은 평가할 만하지만 국내외의 풍부한 연구 성과를 활용하지 않은 점이 아쉬움으로 남는다.

옮긴이에 대하여 ─────────────────────────────

허부문neungyong@naver.com

서강대학교 사학과에서 학사·석사 및 박사과정을 마치고, 전주대학교 연구
교수와 동북아역사지도편찬위원회 특임연구원 등을 지냈다. 충남대학교,
서강대학교, 광운대학교 등에 출강했다. 저서로《대중가요, 역사로 읽기-이
주와 이산의 노래》와《인물로 읽는 중국사》(공저)가 있으며, 역서로는《추
안급국안 88~90》,《풍도의 길》(공역)이 있다.

과진론·치안책

초판 1쇄 발행 2004년 5월 30일
개정 1판 1쇄 발행 2023년 6월 2일

지은이 가의
옮긴이 허부문

펴낸이 김현태
펴낸곳 책세상
등록 1975년 5월 21일 제2017-000226호
주소 서울시 마포구 잔다리로 62-1, 3층(04031)
전화 02-704-1251
팩스 02-719-1258
이메일 editor@chaeksesang.com
광고·제휴 문의 creator@chaeksesang.com
홈페이지 chaeksesang.com
페이스북 /chaeksesang **트위터** @chaeksesang
인스타그램 @chaeksesang **네이버포스트** bkworldpub

ISBN 979-11-5931-953-2 04080
       979-11-5931-221-2 (세트)

려는 의도였으리라고 추측할 수 있다.

44 (옮긴이주) 1871년 보불전쟁 후 거품 회사의 범람 시대를 말한다.

45 (옮긴이주) 1918년 11월의 독일 혁명을 가리킨다. 패전에 따른 후유
    증, 러시아 혁명의 영향, 독일 국내의 급진적 분위기 등을 배경으로
    수병과 노동자들이 혁명을 일으켰으며, 그 결과 사회민주당 중심의
    연립 정부가 구성되었다. 그러나 1920년에 이르러, 반혁명 세력의
    준동, 사회주의 진영의 분열 등으로 인해 혁명의 실패가 뚜렷해졌다.

46 (옮긴이주) 베른슈타인의 사회주의를 압축적으로 표현하고 있는
    핵심 개념으로, 이후의 현대 사회민주주의 문헌과 강령에서 자주
    나타난다.

47 (옮긴이주) 베른슈타인의 국가에 관한 관점이 명백히 드러나 있는
    구절로, 옮긴이가 강조했다.

48 (옮긴이주) '계급의 폐지'가 아니라 '계급 특권의 폐지'임에 주목할
    필요가 있다.

49 (옮긴이주) 독일의 시인.

50 (옮긴이주) 1898년 집필된 〈붕괴 이론과 식민 정책〉.

51 (옮긴이주) 'Wat'는 'Was', 'anjehn'은 'angehen'이라는 뜻이다. 따
    라서 이 문장은 현대 표준 독일어로는 'Was gehen denn Sie die
    Schuster und Schneider an?'이 된다. '제화공이나 재단사와 같은 천
    한 노동자들이 너와 무슨 상관이냐'는 힐난을 담은 문장이다.

52 (옮긴이주) 원문에서는 빠져 있는 부분.

53 피터 게이,《민주사회주의의 딜레마》, 김용권 옮김(한울, 1994),
    19쪽.

54 피터 게이,《민주사회주의의 딜레마》, 22쪽.

55 Eduard Bernstein, *Entwicklungsgang eines Sozialisten*(Leipzig: Felix
    Meiner Verlag, 1930), 11쪽 참조.

56 Eduard Bernstein, *Entwicklungsgang eines Sozialisten*, 13쪽.

57 Eduard Bernstein, *Entwicklungsgang eines Sozialisten*, 13쪽.

58 1882년 말 카우츠키가 창간했다.

59 1879년 취리히에서 창간된 《조치알데모크라트》는 당시 독일 사회 민주당의 유일한 공식 기관지였다.

60 Eduard Bernstein, *Entwicklungsgang eines Sozialisten*, 14쪽.

61 Eduard Bernstein, *Entwicklungsgang eines Sozialisten*, 15쪽.

62 Eduard Bernstein, *Entwicklungsgang eines Sozialisten*, 21쪽.

63 Eduard Bernstein, *Entwicklungsgang eines Sozialisten*, 23쪽.

64 Eduard Bernstein, *Entwicklungsgang eines Sozialisten*, 23쪽.

65 Roger Fletcher, *Revisionism and Empire*(London: George Allen & Unwin, 1984), 143쪽.

66 에두아르트 베른슈타인, 《사회주의의 전제와 사민당의 과제》, 강신준 옮김(한길사, 1999), "베른슈타인 연보".

67 본명은 알렉산더 헬판트Alexander Helphand.

68 Eduard Bernstein, "Zusammenbruchstheorie und Colonialpolitik: Nachtrag", *Zur Geschichte und Theorie des Socialismus: Gesammelte Abhandlungen*(Berlin: Akademischer Verlag für sociale Wissenschaften, 1901).

더 읽어야 할 자료들

강신준, 《수정주의 연구 I》(이론과실천, 1991)

독일 수정주의가 대두하게 된 배경과 성격을, 특히 당시의 농업 논쟁과 관련시켜 논하고 있다. 수정주의의 등장 배경과 수정주의 개량주의적 사회주의 조류의 성격을 이해하는 데 도움을 준다.

박호성 편역, 《사회민주주의와 민주사회주의—이론과 현실》 (청람, 1991)

사회민주주의 혹은 민주사회주의의 역사와 주요 논쟁점들, 각국의 사례에 관한 유용한 현대의 논문들을 번역하여 편집한 것이다. 독일 사회민주주의를 비롯한 사회민주주의의 역사와 개요를 이해하는 데에 도움을 주는 여러 글들이 수록되어 있다.

보 구스타프손, 《마르크스주의와 수정사회주의》, 홍성방 옮김(새남, 1996)

다른 여러 나라의 수정주의적 흐름을 베른슈타인을 비롯해 사상가별로 다루고 있다. 베른슈타인의 수정주의가 등장하게 된 역사적 맥락과 19세기 말에서 20세기 초에 등장한 여러 나라의 수정주의적 사상들을 이해하는 데에 긴요한 도움을 준다.

송병헌, 《왜 다시 사회주의인가》(당대, 1999)

학위 논문을 수정·보완한 것이다. 이 책의 중심적 논의 대상은 마르크스로부터 베른슈타인 및 레닌으로 이어지는 사회주의 개념의 역사적 분화이다. 이 책의 상당히 많은 부분에서 베른슈타인을 다루고 있다. 특히 베른슈타인과 마르크스주의의 관계, 베른슈타인 수정주의의 핵심적 측면, 베른슈타인의 사회주의 개념과 사회화전략 등이 집중적으로 논의되고 있다.

송병헌, 《현대사회주의 이론 연구》(오름, 2000)

학회지 등에 발표한 글들을 묶은 것이다. 마르크스주의의 위기문제, 마르크스, 카우츠키, 베른슈타인, 로자 룩셈부르크, 레닌 등 현대 사회주의자의 사상을 사회주의의 개념을 중심으로 요약하고 정리한 개설서이다.

에두아르트 베른슈타인, 《마르크스주의의 수정》, 하기락 옮김(형설출판사, 1984)

베른슈타인의 《사회주의의 전제와 사회민주주의의 과제》를 우리말로 번역한 최초의 번역서이다. 번역은 어느 정도 딱딱하고 예스러운 말투로 되어 있지만 꼼꼼하고 정확하다. 옮긴이 자신이 한국의 사회주의 운동에 참여한 한 인물이었다는 점과, 베른슈타인에 대한 최초의 번역본이라는 점에서 문헌사적 가치가 있는 책이다.

에두아르트 베른슈타인, 《사회주의의 전제와 사민당의 과제》, 강신준 옮김(한길사, 1999)

베른슈타인의 주저이자 가장 널리 알려진 저서의 번역서이다. 베른슈타인 원전을 정확하고 충실하게 번역해놓았다. 베른슈타인에게 관심을 지닌 이라면 꼭 보아야 할 책 중 하나라고 할 수 있다. 베른슈타인에 관한 해설과 연보 등이 추가되어 있다.

피터 게이, 《민주사회주의의 딜레마》, 김용권 옮김(한울, 1994)

베른슈타인의 생애와 사상에 관한 가장 잘 알려진 해설서 중의 하나이다. 연대기적인 서술 방식을 기본적으로 따르면서도 베른슈타인 수정주의의 이론적 측면에 대한 규정도 함께 이루어지고 있다. 베른슈타인을 이해하기 위해서는 반드시 읽어야 할 책이라 할 수 있다.

E. Bernstein, *The Precondition of Socialism*, (ed./trans.) Henry Tudor (Cambridge: Cambridge Univ. Press, 1993)

위의 베른슈타인의 저서를 영어로 번역한 가장 근래의 역서이다. 과거 베른슈타인의 이 저서는 *Evolutionary Socialism: a criticism and affirmation*, (trans.) Edith. C. Harvey(New York: Schocken, 1978)이라는 제목으로 영역된 바 있다. Evolutionary Socialism에는 원전의 일부가 빠져 있으나, 이 책은 원전을 빠짐없이 옮겼다.

H. Tudor·J. M. Tudor(ed. & trans.), *Marxism and Social Democracy—The Revisionist Debate 1896~1898*(Cambridge: Cambridge Univ. Press, 1988)

수정주의 논쟁을 야기한 베른슈타인의 일련의 논문을 번역해 실었으며, 베른슈타인 외에도 수정주의 논쟁에 참여한 여러 사회주의자들의 주요한 글들도 함께 실었다. 아울러 수정주의 논쟁의 배경과 상황, 베른슈타인의 사상의 개요를 이해하는 데에 도움을 주는 편역자의 상세한 해설이 담겨 있다.

송병헌bhignatius@hanmail.net

대학 생활을 정치적 억압에 고통 받고 자유를 갈구했던 시기로 기억한다. 서강대학교 정치외교학과에 재학 중이던 1980년에 접한 광주학살 소식은 충격이었고 당시 참여했던 한 가톨릭 청년 모임에서 만난 동료 학생들과 노동자들, 수녀와 신부들이 전해준 광주의 소식, 시대의 절망과 고통은 나에게 깊은 영향을 주었다. 이후 국가폭력에 대한 인식, 민주화를 통한 전도된 정의 회복의 절실성을 깊이 인식하게 되었고, 이러한 인식은 나름의 삶의 궤적에 커다란 영향을 끼쳤다고 생각한다. 이어 대학원에서 반레닌주의적 마르크스주의자로서 20세기 초 독일 공산당의 주요 이론가였던 카를 코르쉬Karl Korsch에 대한 석사학위 논문을 썼는데 우리나라에 코르쉬를 소개한 최초의 논문이었다. 이후 베른슈타인과 레닌의 사회주의 개념을 비교하고 사회주의 사상이 분화된 역사적 연원을 탐구한 논문으로 박사학위를 받았다.

2000년 이후 한국사회민주주의연구회의 창립과 운영에 참여했고 민주화운동기념사업회 연구소에서 일했다. 이어 민주화보상심의위원회, 경찰청 인권침해사건진상조사팀, 서울시 서대문구 인권센터, (사)전국민주화운동유가족협의회 등에서 일하면서 국가폭력 피해자들의 명예회복과 진실규명을 위해 미력이나마 힘을 보태고자 했다.

그동안 《왜 다시 사회주의인가》(1999), 《한국 사회민주주의 선언》(공저, 2001), 《한국자유민주주의의 전개와 성격》(공저, 2004), 《국가폭력과 민주화운동열사-회복적 정의를 향한 민주화보상위의 여정》(2022), 〈노동정치 유형과 민주주의 진전의 상관관계에 관한 연구〉(2010) 등의 책과 글을 썼고,《마르크시즘과 철학》(카를 코르쉬, 1986) 등을 번역했다. 한국 사회 민주화의 진전, 그리고 사회민주주의의 지적 토대와 실천적 가능성을 강화하기 위한 저술 작업을 지속하고 정의와 연대를 향한 작은 발걸음들을 계속 이어가길 희망하고 있다.

사회주의란 무엇인가 외

초판 1쇄 발행 2002년 1월 1일
개정 1판 1쇄 발행 2023년 9월 1일

지은이 에두아르트 베른슈타인
옮긴이 송병헌

펴낸이 김현태
펴낸곳 책세상
등록 1975년 5월 21일 제2017-000226호
주소 서울시 마포구 잔다리로 62-1, 3층(04031)
전화 02-704-1251
팩스 02-719-1258
이메일 editor@chaeksesang.com
광고·제휴 문의 creator@chaeksesang.com
홈페이지 chaeksesang.com
페이스북 /chaeksesang   **트위터** @chaeksesang
인스타그램 @chaeksesang   **네이버포스트** bkworldpub

ISBN 979-11-5931-944-0 04080
        979-11-5931-221-2 (세트)